AI와 대학 홍보 전략

AI총서

인공지능 시대입니다. 기계가 인간의 인지를 대신하고, 사물이 인간을 통하지 않고 다른 사물과 직접 커뮤니케이션합니다. 이에 따른 인간 삶과 문명 변화를 정확히 이해 · 예측 · 대응하는 것은 이 시대 우리 모두의 과제입니다. AI총서는 인공지능 기술과 환경의 여러 주제를 10가지 키워드로 정리합니다. 관련 개념과 이론, 학계와 산업계의 쟁점, 우리 일상의 변화를 다룹니다. 인간과 기술의 현재, 미래를 세심히 분석합니다.

일러두기

- 인명, 작품명, 저서명, 개념어 등은 한글과 함께 괄호 안에 해당 국가의 원어를 병기했습니다.
- 외래어 표기는 현행 어문규정의 외래어표기법을 따랐습니다.

처음이세요?

전문가세요?

AI와 대학 홍보 전략

김승기

대한민국, 서울, 커뮤니케이션북스, 2025

AI와 대학 홍보 전략

지은이 김승기
펴낸이 박영률

초판 1쇄 펴낸날 2025년 12월 1일

커뮤니케이션북스(주)
출판 등록 2007년 8월 17일 제313-2007-000166호
02880 서울시 성북구 성북로 5-11
전화(02) 7474 001, 팩스(02) 736 5047
commbooks@commbooks.com
www.commbooks.com

ISBN 979-11-430-1246-3 03500

책값은 뒤표지에 표시되어 있습니다.

차례

생성형 AI 시대, 홍보의 미래를 묻다

"생성형 AI 시대, 홍보는 어떻게 살아남을 수 있을까?"

이 책은 이 단순하면서도 절박한 질문에서 출발했다. 단순히 'AI를 어떻게 활용할 수 있을까'를 넘어서, 'AI로 인해 무엇이 근본적으로 달라지고 있나', '우리는 어떻게 대응해야 하는가'라는 물음을 던진다. 그리고 이 질문은 오늘 홍보 현장에 있는 실무자와 전략을 고민하는 모든 경영진에게 동일하게 주어져 있다.

위기와 기회의 갈림길

대학 홍보는 지금 전례 없는 변화의 소용돌이 속에 있다.

학령인구 감소와 신입생 유치 경쟁 심화, 고등교육에 대한 신뢰 저하, 재정 압박, 디지털 미디어 환경의 파편화, 숏폼 · 알고리즘 기반 소비 확산 등은 홍보 담당자를 단순한 '이미지 관리자'에서 조직 생존을 책임지는 전략 기획자로 변화시키고 있다.

특히 학령인구 감소의 여파는 지방대학에 치명타를

주고 있다. 2023년 기준 문을 닫은 20개 대학 중 19개가 지방대였으며, 향후 최대 195곳이 추가 폐교 위기에 놓여 있다는 분석이 나온다(문화일보, 2023.5.17). 이처럼 대학 환경의 급격한 변화는 대학 홍보의 존재 이유와 역할을 근본적으로 재정의하게 만들었다.

여기에 생성형 AI의 등장은 강력한 변곡점을 만들고 있다. AI는 적은 인력으로도 더 빠르고 다양한 콘텐츠 제작이 가능하며, 데이터 분석, 맞춤형 메시지, 실시간 위기 모니터링 등 홍보 역량을 비약적으로 확장시킬 기회를 제공한다. 그러나 동시에 AI의 맥락 이해 부족, 기계적 표현, 알고리즘 편향, 허위 정보 확산, 저작권·개인정보 침해 등 새로운 위기도 함께 가져왔다.

AI 기반 콘텐츠 제작 기술의 급속한 발전은 영상·이미지·텍스트 등 전 영역에서 생산 속도와 형식을 폭발적으로 다양화시키고 있다(한국전자통신연구원, 2025). 이는 대학 홍보가 직면한 '양적 생산 증가'와 '질적 차별화'라는 이중 과제를 잘 보여 준다. 따라서 대학 홍보팀은 AI 활용 역량 강화, 윤리·법적 가이드라인 확립, 조직 전략 재편을 통해 위기와 기회를 동시에 관리해야 하는 갈림길에 서 있다.

생성형 AI, 홍보 판도를 뒤집다

2022년 말, 챗GPT의 등장은 단순한 기술 도입이 아니라 커뮤니케이션 방식 전체를 재정의한 사건이었다. 콘텐츠 중심으로 움직이는 홍보팀은 '업무 재설계'를 피할 수 없게 되었다.

생성형 AI는 홍보 프로세스 전 단계에 깊숙이 스며들었다. 기획 단계에서는 아이디어 발굴과 메시지 구성을 빠르고 폭넓게 지원한다. 제작 단계에서는 텍스트, 이미지, 영상 등 다양한 포맷을 단시간 내 완성한다. 배포 · 운영 단계에서는 각 플랫폼에 맞춰 콘텐츠를 최적화하고 자동으로 업로드한다. 성과 분석 단계에서는 실시간 데이터를 분석하여 피드백을 즉시 반영한다.

이미 광고 · 마케팅 업계에서는 생성형 AI 기반의 자동 제작 · 개인 맞춤형 노출이 광범위하게 활용되고 있다(DMC리포트, 2023). 교육기관 홍보도 이 흐름을 그대로 따라가고 있다.

결국, 이 변화는 단순 효율화가 아니라 조직 목표와 업무 흐름 자체를 새로 설계해야 하는 과제를 안긴다. AI 기반 개인화 시스템과 빅데이터 위기 대응이 정교해질수록 전략과 인간 중심 메시지의 중요성은 더욱 커진다.

'AI 툴'과 'AI 운영체계'의 차이

이 변화 속에서 AI를 전략적으로 활용하려면, 먼저 'AI 도구(tool)'와 'AI 운영체계(system)'의 차이를 이해해야 한다.

생성형 AI 도구는 특정 목적과 기능에 맞춰 개발된 개별 프로그램이며, 국제적으로는 AI 어시스턴트(Assistant)에 해당한다(IBM, 2024). 텍스트 작성에 특화된 챗GPT, 이미지 제작에 강점을 지닌 미드저니(Midjourney), 영상 편집 자동화를 지원하는 런웨이(Runway) 등이 이에 속한다(DMC리포트, 2023).

반면 AI 운영체계는 여러 개별 도구와 데이터를 하나의 프로세스로 연결 · 자동화 · 관리하는 통합 환경으로, 개념적으로 AI 에이전트(Agent)와 유사하다(IBM, 2024). 노션 AI(Notion AI)를 활용한 협업 체계, 자피어(Zapier) · 메이크(Make)를 통한 자동화, 다양한 AI API를 결합한 맞춤형 플랫폼 구축이 대표 사례다(CB Insights, 2024).

AI 도구는 '무엇을 만든다'에 초점을 맞춘다. AI 운영체계는 '어떻게 운영한다'에 초점을 맞춘다. 예컨대 입시 홍보 영상을 생성형 AI 도구로 제작했다면, AI 운영체계는 이 영상을 SNS · 유튜브에 자동 업로드하고 성과 데이터를 분석해 다음 기획에 즉시 반영할 수 있게 한다.

현재 전 세계에는 12,000개가 넘는 생성형 AI 서비스가 등록되어 있으며, 매일 새로운 서비스가 출시된다. 그러나 기술 경쟁 심화와 투자 환경 변화로 인해 상당수는 1~2년 내 시장에서 사라진다(CB Insights, 2024). 따라서 홍보팀은 단순 사용법을 넘어 목적에 맞는 조합과 유기적 연계 설계 역량을 갖춰야 한다.

홍보 실무자의 생존 법칙 다섯 가지

그렇다면 AI 시대에 대학 홍보 실무자는 무엇을 준비해야 할까?

이제 필요한 것은 단순한 기술 습득이 아니라, 본질을 다시 묻고 전략적으로 대응하는 실무자의 역량이다.

다음의 다섯 가지 생존 법칙은 AI 혁신의 한복판에서도 '사람 중심의 홍보'가 흔들림 없이 설계될 수 있는 기준이다.

① 콘텐츠 기획력과 문맥 해석력

AI는 빠른 콘텐츠 생산을 돕지만 메시지의 방향성과 맥락을 정하고, 뉴스 가치와 수용자의 관심사를 연결하는 일은 오롯이 실무자의 역할이다. 'AI가 만든 것처럼 보이지 않는 콘텐츠'를 기획 · 감별하는 큐레이터적 역량이 더욱 중요해진다.
→ 핵심: 기술이 만든 결과물에 사람의 의도를 입혀라.

② AI 리터러시와 실전 활용 능력

AI를 두려워하지 않고 실무에 적극 활용하는 실력, 다양한 도구를 목적에 맞게 조합해 생산성을 높일 수 있는 능력이 필요하다. 기술 격차가 아닌 활용 격차가 생존력을 좌우한다.
→ 핵심: 반복적으로 실전에서 AI를 사용하고 익혀라.

③ 감성 콘텐츠 제작과 진정성 전달

기계는 정보를 만들지만 공감과 감정은 사람만 전달할 수 있다. 실제 인터뷰, 현장 이야기, 진심이 담긴 메시지가 브랜드 신뢰도를 결정한다.
→ 핵심: 브랜드의 '진짜 얼굴'을 사람의 감성으로 드러내라.

④ 위기 대응과 커뮤니케이션 전문가의 역할

실시간 위기 상황에서 정확한 판단, 윤리적 기준, 여론을 읽는 감각은 AI가 대체할 수 없다. 홍보맨은 조직을 대표해 신뢰와 소통을 설계하는 전문가여야 한다.
→ 핵심: 위기 대응에선 경험과 직관, 윤리적 판단이 최우선이다.

⑤ 멀티플랫폼 콘텐츠 설계 감각

블로그 · SNS · 유튜브 · 뉴스레터 등 다양한 채널에 맞춰 메시지의 형식과 전달 구조, 톤 앤드 매너를 최적화하는 능력이 요구된다.
→ 핵심: 같은 메시지도 각각의 채널에 맞게 변환 · 재구성하라.

결국 AI 시대, 살아남는 홍보맨은 도구를 넘어서 맥락을 읽고, 기술을 자유자재로 쓰며, 사람의 진심을 전하고, 위기에 현명하게 대응하며, 모든 채널에서 메시지를 최적화할 줄 아는 사람이다. 이 다섯 가지 법칙을 실천하는 홍보인이야말로 AI를 지배하며 활용하는 주체로서 살아남는다. 이 책은 바로 그러한 역량을 키우기 위한 실무자의 전략을 담고 있다.

전략 중심 홍보 조직으로의 전환

대학은 공공성과 전문성, 자율성과 공동체성이 복잡하

게 얽힌 특수한 조직이다. 민간기업처럼 빠른 의사 결정이나 과감한 실험이 쉽지 않고, 내부의 신중함과 변화에 대한 저항이 동시에 존재한다. 이런 환경 속에서 홍보팀의 역할은 단순한 '홍보물 제작'이 아니라 대학의 가치와 정체성을 설득하고 이해 관계자의 공감을 끌어내는 전략적 커뮤니케이션 허브가 되어야 한다.

생성형 AI의 등장은 그 변화를 가속화한다. 이제 홍보팀은 기능 중심에서 전략 중심으로 조직을 재편해야 한다. 콘텐츠 제작과 배포만 담당하는 구조에서 벗어나 기획, 데이터 분석, 성과 측정, 채널 운영을 통합 관리하는 전략 조율형 팀으로 진화해야 한다.

이를 위해 다음과 같은 조직 재설계가 필요하다.

① 역할 재정의: '콘텐츠 제작자'보다 '전략 설계자 · 데이터 해석자 · 관계 관리자'의 역할 강화.

② 전담 인력 · 기능 신설: AI 운영체계 관리, 플랫폼별 최적화, 실시간 데이터 분석을 담당하는 전담 포지션 확보.

③ 피드백 루프 구축: 제작 → 배포 → 성과 분석 → 기획 반영까지 하나의 순환 구조로 연결.

④ 윤리 · 법적 관리 체계: AI 콘텐츠의 표절, 저작권, 개인정보 보호를 사전 점검 · 관리하는 절차 제도화.

AI 도입은 더 이상 '기술 선택'이 아니라 조직 생존과 성장 전략 그 자체다. AI 시대의 강한 홍보팀은 다양한 도구를 목적에 맞게 조합하고, 이를 업무 프로세스 전반에 녹여 내 공감과 신뢰를 설계하는 전략 조율형 본부로 재편되어야 한다.

이 책의 구성과 선정 기준

이 책은 생성형 AI가 대학 홍보 실무와 조직 전략에 미치는 영향을 총체적으로 조망하고, 홍보팀이 어떻게 변화에 대응할 수 있는지를 10개의 핵심 주제로 정리했다.

각 주제는 다음의 기준에 따라 선별했다. 첫째, 대학 홍보 실무에 즉시 적용 가능한 영역일 것. 이론적 고찰보다 실무에서 '바로 시도해 볼 수 있는' 주제를 중심으로 구성했다. 실험적 시도나 적용 사례가 이미 있는 영역을 우선 선정했다. 둘째, AI 기술의 성숙도와 파급력이 높은 영역일 것. 아직 상용화되지 않은 기술보다는 이미 보편화된 생성형 AI 기술을 중심으로 홍보 업무 전체에서 '가장 먼저 변화가 시작된' 업무 분야를 선정했다. 셋째, 홍보 전략에 근본적 영향을 미치는 주제일 것. 단순한 도구 활용법보다는 홍보팀의 조직 전략, 업무 프로세스, 역할 정립 등 근본 구조에 영향을 줄 수 있는 주제들을 중심으로 선정했다.

이러한 기준을 적용한 이유는, 매우 방대한 AI 논의 중에서도 지금 홍보 현장에서 가장 시급하고, 실제 효과를 낼 수 있는 영역에 집중하기 위함이다. 따라서 이 책은 AI 기술의 최신 동향이나 세부 사용 매뉴얼을 나열하기보다 전략적 사고 전환과 구조 설계를 돕는 통합적인 논의에 중점을 두었다. 구체적인 세부 기술 설명이나 현장 적용 사례는 9장에서 심층적으로 다룬다.

이 책에서 다루는 열 가지 핵심 주제

이 책은 다음의 열 가지 핵심 주제를 통해, 생성형 AI 시대 대학 홍보팀이 실무와 전략을 어떻게 혁신할 수 있을지를 제시한다. 각 주제는 앞서 제시한 선정 기준에 따라 즉시 적용 가능하고 전략적 파급력이 크며 조직 구조에 변화를 줄 수 있는 영역으로 구성했다.

① AI 시대, 대학 홍보의 새로운 패러다임: 환경 변화와 기술 진보가 홍보의 역할과 존재 이유를 어떻게 바꾸는지 조망한다. AI 시대에 대학 홍보의 본질은 무엇이며, 역할은 어떻게 달라지나?

② 생성형 AI로 설계하는 홍보 브랜드 전략: 도구 중심이 아

닌 대학 고유의 가치와 스토리를 AI 시대에 맞춰 브랜딩하는 방법을 알아본다. AI가 만들 수 없는 '우리 대학만의 이야기'는 무엇인가?

③ 생성형 AI로 혁신하는 콘텐츠 제작 실무: 텍스트 · 이미지 · 영상 등 다양한 포맷의 콘텐츠를 AI와 함께 효율적으로 만드는 방법을 알아본다. 어디에 AI를 적용하면 효율이 극대화될까?

④ 플랫폼별 AI 맞춤 전략과 콘텐츠 확산: SNS, 블로그, 유튜브 등 채널 특성별 전략 수립과 AI 기반 자동 배포 사례를 살펴본다. 같은 메시지를 플랫폼별로 최적화하려면 무엇을 바꿔야 할까?

⑤ AI를 활용한 개인 맞춤형 입시 마케팅 전략: 데이터 분석 기반으로 수험생 개개인 맞춤 메시지와 콘텐츠를 제공하는 방법을 알아본다. 입시생에게 '내 이야기'처럼 다가가게 하려면?

⑥ 대학 교직원 · 동문과 연결하는 내부 소통 전략: AI를 활용해 조직 내부와 동문 네트워크를 강화하고 참여를 유도하는 전략을 알아본다. AI는 어떻게 내부 구성원과 동문 관계를 지속 연결할까?

⑦ AI 시대의 위기 대응과 평판 관리 전략: 빅데이터 분석과 실시간 모니터링을 활용한 민첩한 위기 대응 모델을 살펴본

다. 위기 조짐 포착 후 우리의 대응 속도는?

⑧ 데이터 기반 홍보 성과 분석과 개선 전략: 정량 · 정성 데이터를 결합하여 홍보 효과를 측정하고 개선 방안을 도출하는 방법을 알아본다. 어떤 지표가 홍보 성공을 증명하는가?

⑨ 홍보팀을 위한 생성형 AI 실전 활용법: 실무자가 바로 쓸 수 있는 툴 조합, 프롬프트 설계, 자동화 워크플로 등을 살펴본다. 현재 업무 흐름에 어떤 AI 툴 · 운영체계 조합이 즉시 효과적일까?

⑩ 지속 가능한 홍보팀을 위한 AI 전략 로드맵: 단기 실행을 넘어 장기적인 조직 혁신과 AI 활용 전략을 설계하는 방향을 알아본다. 3년 뒤에도 유효한 전략을 만드는 방법은?

이상의 열 가지 핵심 주제는 생성형 AI 시대에 대학 홍보팀이 변화에 적응하고 경쟁력을 키우기 위해 반드시 고민해야 할 실천 영역들이다. 이 주제들은 단순한 업무 팁이 아니라 홍보팀의 전략 · 조직 · 역할을 근본적으로 재설계하는 로드맵이자 미래 비전이다.

대학 홍보의 새로운 미래

AI는 단순한 업무 자동화 도구가 아니라, 대학 홍보가 한 단계 도약하는 발판이다. AI 기반 데이터 분석은 입시생 개개인에게 맞춤형 정보를 제공하고, 졸업생과의 꾸준한 소통은 강력한 동문 네트워크를 만든다. 실시간 빅데이터를 활용한 위기 모니터링과 신속 대응, 다양한 플랫폼·포맷에 맞춘 자동 콘텐츠 생성은 홍보팀이 더욱 전략적이고 창의적인 업무에 집중할 시간을 마련해 줄 것이다.

그러나 이 변화의 중심에는 여전히 사람의 시선과 전략이 있어야 한다. 기술은 방법을 제공하지만 방향과 메시지를 설계하고 타인의 마음을 움직이는 일은 사람만이 할 수 있다. AI와 인간의 협업이 성공하려면 기술을 수단으로 삼고 맥락과 공감을 지휘하는 전략적 감각을 잃지 말아야 한다.

이 책은 대학이라는 특수한 조직에서, 생성형 AI가 가져온 충격과 기회를 직접 겪어낸 한 실무자의 기록이자 제안이다. 기술 매뉴얼도, 예찬서도 아닌, 조직 생존 전략으로서의 홍보 혁신에 대한 현실적 가이드다. 대학 홍보팀 실무자, 기획처·대외협력처 책임자, 그리고 대학의 정체성과 전략을 고민하는 모든 경영진뿐 아니라 기업 PR 관계자와 공공기관·교육기관의 커뮤니케이션 실무자에 이르기까지 모두에게 전략적 통찰을 제공할 것이다.

"AI는 홍보맨을 대체하지 않는다.

AI를 잘 활용하는 홍보맨이, 그렇지 않은 홍보맨을 대체할 뿐이다."

이 문장은 AI 시대를 살아가는 모든 실무자가 새겨야 할 현실이다. 이 책을 통해 독자들이 빠르게 진화하는 기술의 파도 속에서도 흔들림 없는 중심을 세우고, 사람 중심의 소통과 전략적 시선을 지켜 내길 바란다. 그것이 AI 시대에도 변하지 않는, 그리고 앞으로 더 빛날 홍보의 본질이다. 이 책이 그 여정의 나침반이 되기를 기대한다.

참고문헌

문화일보(2023.5.17). "문닫은 20개 대학중 19개가 지방대… 앞으로 전국서 195곳 추가 폐교".
https://www.munhwa.com/article/11360856

유정재 외(2025). "생성형 AI 기반 콘텐츠 제작 기술 동향과 안전성 이슈". 《전자통신동향분석》, 40(2). 30~29쪽.
https://ettrends.etri.re.kr/ettrends/213/0905213004/

한국전자통신연구원(ETRI)(2025). "생성형 AI 기반 콘텐츠 제작 기술 동향과 안전성 이슈".
https://ettrends.etri.re.kr/ettrends/213/0905213004/

DMC리포트(2023). 생성형 AI 기반 '콘텐츠 제작 자동화'와 '개인 맞춤형 광고 노출'을 중심으로 광고업계에 부는 새바람.
https://www.dmcreport.co.kr/contentview?dr_code=DMC

TBF20230034
CB Insights(2024). CB Insights(2024). The AI agent market map. https://www.cbinsights.com/research/ai-agent-market-map/
IBM(2025). Comparing AI Agents and AI Assistants. IBM Think Blog. https://www.ibm.com/think/topics/ai-agents-vs-ai-assistants

01
AI 시대, 대학 홍보의 새로운 패러다임

AI의 등장은 대학 홍보 실무의 패러다임 자체를 뒤흔들고 있다. 과거에는 기획자가 주도하고 디자이너와 작가가 따로 존재했던 콘텐츠 제작의 모든 과정이, 이제는 하나의 프롬프트와 AI 도구만으로 가능해졌다. 생성형 AI가 대학 홍보 환경에 미친 구조적 변화를 짚어 보고, 이러한 변화 속에서 홍보 전략이 어떻게 실질적으로 통합되고 발전할 수 있는지 살펴본다.

기후 위기와 인공지능?

왜 지금, 대학 홍보에 AI인가

대학 홍보 환경은 인구 감소, 입학 경쟁 심화, 디지털 플랫폼 다변화, 콘텐츠 피로 증가 등 복합적인 위기를 겪고 있다. 동시에, 대학 내부의 예산 및 인력 구조는 점차 축소되고 있다. 이러한 상황에서 생성형 AI는 대학 홍보 실무자에게 시간과 자원의 한계를 돌파할 수 있는 새로운 가능성을 제시한다.

AI는 더 이상 선택이 아닌 필수다. 특히 생성형 AI는 단순 반복 업무의 대체뿐 아니라, 전략적 의사 결정에까지 관여할 수 있는 수준으로 진화하고 있다. 이는 홍보 콘텐츠의 제작 방식을 근본적으로 바꾸고, 커뮤니케이션 전략 수립 과정에서 새로운 사고 전환을 요구한다.

AI가 바꾸는 콘텐츠 생산 체계

가장 먼저 변화가 일어난 영역은 콘텐츠 제작이다. 보도자료 초안 작성, 카드뉴스 디자인, 인스타그램용 해시태그 생성, 유튜브 영상 기획안 작성 등은 이제 프롬프트 한 줄로 가능하다. 과거 며칠씩 걸렸던 기획 · 디자인 · 수정 과정이 몇 시간 내에 완료되기도 한다.

그중에서도 보도 자료 초안 작성은 가장 혁신적인 변화다. 과거에는 해당 부서 · 학과와 홍보 담당자가 여러 차례 회의하고, 문안을 직접 구성 · 수정 · 교정하는 데만도 하루 이상이 소요되었다. 그러나 생성형 AI를 활용하면 주요 정보와 톤 앤드 매너, 타깃 독자층만 입력해도 완전한 초안이 몇 초 만에 완성된다. 이는 기획 단계에서부터 속도를 높이고, 홍보 담당자가 보다 창의적이고 전략적인 메시지 조율에 집중할 수 있게 만든다. 특히 시의성이 중요한 위기 대응 보도 자료나 긴급 발표문 작성에서는 그 효과가 극대화된다.

아울러 생성형 AI는 콘텐츠 제작 속도뿐 아니라 콘텐츠의 다변화 가능성도 함께 열어 준다. 같은 주제를 다양한 톤과 스타일로 빠르게 전환할 수 있어 타깃별 · 플랫폼별 맞춤형 콘텐츠 제작이 훨씬 용이해졌다. 이는 소규모 홍보팀에 특히 유리한 환경이다.

핵심은 전략: AI 도구를 넘어서는 기획의 힘

그러나 AI의 효율성만 강조해서는 곤란하다. AI는 '도구'일 뿐이며, 그것을 잘 쓰기 위한 기획력과 전략적 사고가 여전히 중요하다. AI에게 무엇을 시킬 것인가, 어떤 형식과 메시지를 요구할 것인가는 결국 인간의 몫이다.

특히 프롬프트는 단순한 명령이 아니라 전략적 설계의 표현이다. 예를 들어, '대학 입학 설명회 홍보 글을 써 줘'라는 요청보다 '수도권 거주 40대 학부모를 대상으로, 취업률 중심 메시지로, 입학설명회 참석을 유도하는 SNS용 짧은 글을 써 줘'라고 요구했을 때, AI는 훨씬 정교한 콘텐츠를 제공할 수 있다. 즉, AI의 성능을 최대화하는 핵심은 사람의 전략 설계 능력에 달려 있다.

생성형 AI, 홍보 전략을 바꾸는 실전 도구이자 파트너

생성형 AI는 홍보 전략 수립 과정에서도 실질적인 파트너 역할을 할 수 있다. 기획 회의 초안을 제시하거나, 타깃별 니즈를 기반으로 메시지를 변주하거나, 유사 사례를 찾아 전략의 틀을 제안하는 데까지 활용 범위가 확장되고 있다. 실제 현장에서는 이러한 전략적 AI 활용이 성패를 가르기도 한다.

예를 들어, LG유플러스는 'AX특공대' 캠페인에서 캐럿AI를 활용해 마케터가 직접 AI 기반 광고 콘텐츠를 제작함으로써 외주비를 줄이고 효율성과 성과를 동시에 극대화했다(Carat, 2025.5.19). 단순한 자동 생성이 아닌, 아이디어 기획 · 제작 · 분석 전 과정을 AI가 함께 수행한 전략적 성공 사례다. 이는 인력과 예산이 한정된 대학 홍보팀에도 큰 시사점을 제공한다.

반면, 영국의 UKeU(UK e-University)는 여러 대학의 온라인 교육 과정을 통합하려 했지만 명확한 타깃 분석과 브랜드 정체성 없이 콘텐츠만 확대한 결과 수강자 확보에 실패하고 조기에 폐쇄됐다(Wikipedia). 기술 도입만으로 전략이 완성되는 것이 아님을 보여 주는 대표적 실패 사례로 거론된다.

이 두 사례는 명확한 메시지를 던진다. AI 콘텐츠 전략의 핵심은 '무엇을 얼마나 빨리 만들 것인가'가 아니라 '누구에게, 어떤 가치를, 어떤 방식으로 전달할 것인가'를 명확히 기획하고 설계하는 데 있다. 생성형 AI는 강력한 도구지만, 그 도구의 방향을 정하는 것은 결국 사람의 전략적 사고다. AI는 단순한 자동화 도구가 아닌, 사람과 함께 전략을 고도화하는 파트너로 인식될 때 진정한 효과를 발휘한다. 물론, 생성형 AI의 기술적 가능성과 함께 정보 왜곡, 신뢰성, 윤리적 통제의 문제도 함께 고려되어야 할 과제이며 이에 대한 보다 구체적인 논의는 8장에서 다시 다루기로 한다.

전략의 주체로 거듭나는 홍보팀

생성형 AI는 단순히 업무의 속도와 효율을 높이는 도구를 넘어 대학 홍보 전략의 근본적 재편을 요구하는 패러다임이다. 이는 단지 기술적 변화가 아니라 조직 내 역할의 위계와 의미 자체를 변화시키는 구조적 흐름이다. 이제 대학 홍보팀은 '일을 잘 처리하는 부서'가 아니라 학교의 브랜드 정체성을 기획하고, 타깃과의 전략적 관계를 설계하며, 메시지를 미래지향적으로 조율하는 창의적 집단으로 전환되어야 한다.

특히 AI를 전략적으로 활용하기 위해 필요한 것은 도구의 습득이 아니라 전략적 기획 역량과 조직 내 리더십의 확장이다. 단순한 실행 조직에서 벗어나기 위해서는 다음과 같은 전환이 필요하다.

① 기술의 사용 주체에서 전략 설계 주체로

기존의 홍보팀은 학과나 행정 부서로부터 요청된 내용을 받아 제작 · 배포하는 수동적 역할을 수행해 왔다. 그러나 AI 기반 환경에서는 콘텐츠 제작이 거의 자동화됨에 따라 이제 '무엇을, 왜, 누구에게 전달할 것인가'라는 전략적 기획이 가장 핵심적인 업무로 부상했다.

이러한 흐름은 글로벌 대학에서도 이미 나타나고 있다. 예를 들어, 영국의 임페리얼 칼리지 런던(Imperial College London)은 2023년부터 디지털, 미디어, 소셜미디어, 디자인 등 6개 팀으로 구성된 홍보 부서가 대학

내 · 외부 커뮤니케이션을 모두 담당하면서 데이터 기반 타깃 분석과 맞춤형 메시지 전략을 통해 효과적인 브랜드 소통에 힘쓰고 있다(Imperial College London, 2023). 이러한 접근은 단순한 AI 도구 활용을 넘어서, 커뮤니케이션 조직의 존재 이유와 역할에 대한 근본적 재정립을 보여 주는 사례라 할 수 있다.

② AI 시대의 홍보 실무자: 기획자이자 전략가

AI는 인간의 의도를 정확히 '프롬프트'로 번역할 수 있을 때 비로소 효율성을 발휘한다. 즉, 홍보 실무자는 더 이상 콘텐츠를 직접 제작하는 '손'이 아니라 전략을 기술 언어로 해석하는 '두뇌'의 역할을 맡게 된다.

유네스코는 "생성형 AI의 도입은 단순 기술 변화가 아니라 교육 및 조직 운영의 사고방식 전환(mindset shift)을 요구한다"며 "AI와 협업하려면 실무자가 기술적 윤리뿐 아니라 문제 정의 및 전략적 사고력을 갖추어야 한다"고 강조한다(UNESCO, 2021). 즉, 전략이 없는 AI 활용은 비효율적이고, 전략이 있는 AI는 인력을 확장하는 효과를 가진다.

③ 브랜드 관점의 전환: 기능적 홍보에서 정체성 중심 홍보로

기존 대학 홍보는 입시, 행사, 수상 소식 등 '정보 전달'에 초점이 맞춰져 있었다. 그러나 AI 시대에는 콘텐츠가 넘쳐 나는 만큼 단순 정보는 차별성을 갖기 어렵다. 대학 홍보팀은 이제 '브랜드 정체성'과 '지속 가능한 스토리라인'을 기획·관리하는 브랜딩 전략의 핵심 축이 되어야 한다.

예컨대, 미국의 애리조나 주립대학교(ASU)는 자율주행, 기후 변화, 인종 다양성 등 다양한 사회적 이슈에 대응하기 위해 AI 활용을 통해 혁신적 교육·연구 생태계를 구축하며 지속 가능한 브랜드 스토리를 쌓고 있다. ASU는 미국 고등교육 기관 최초로 오픈AI의 '챗GPT 엔터프라이즈'를 전면 도입해 교육 방법 혁신, 학술 연구 지원, 행정 효율성 제고를 추진하고 있으며, 학교 측은 이를 "엄청난 도구"로 보고 있다(연합뉴스, 2024.1.19). 이러한 혁신은 사회적 책임과 포용성을 바탕으로 한 브랜드 가치 확립에 중요한 역할을 하고 있다.

④ 실행 조직에서 브레인으로: 인력 재구성 및 조직 문화 변화

대학 홍보팀은 더 이상 단순한 실행 조직에 머무르지 않는다. AI와 디지털 기술의 도입은 홍보 인력의 역할 재정립과 조직 문화 변화를 요구한다. 단순한 콘텐츠 생산자를 넘어 전략적 기획자이자 데이터 분석가, 위기 관리 전문가로 거듭나야 하는 것이다.

국내 사례로, 삼육대학교는 2023년 홍보팀을 '커뮤니케이션팀'으로 개편하며 이러한 변화를 선도하고 있다. 이 조직 개편은 단순히 명칭을 바꾸는 차원을 넘어 기존의 일방적 홍보에서 대내외 위기관리와 실시간 소통까지 포함하는 쌍방향 커뮤니케이션 조직으로 진화했다. 특히 브랜드 가치 중심의 커뮤니케이션에도 주력해 대학 공식 캐릭터 개발 등 진정성 있는 스토리텔링을 통해 학생과 교직원 등 다양한 공중과 소통하는 '브랜드 저널리즘'을 구현하고 있다(삼육대학교, 2023.2.1).

이 사례는 AI 시대에 대학 홍보 조직이 단순한 실행 중심에서 벗어나, 데이터와 전략, 위기 대응 역량을 갖춘 '브레인' 역할로 거듭나야 한다는 점을 잘 보여 준다. 홍보팀의 인력 재구성과 조직 문화 변화가 필수적임을 시사하는 중요한 모델이다.

결국, AI는 환경이 되었고, 이 환경에 적응하지 못한 전략은 생존하지 못한다. 대학 홍보팀은 이제 단순히 콘텐츠를 '실행'하는 조직이 아니라 AI를 도구 삼아 브랜드 방향성과 전략을 설계하는 핵심 파트너 조직으로 진화해야 한다. 이것이 생성형 AI 시대, 대학 홍보팀의 진정한 역할 전환이며 미래 경쟁력의 출발점이다.

참고문헌

삼육대학교(2023.2.1). "홍보팀이 '커뮤니케이션팀'으로 새출발합니다". 뉴스센터 삼육뉴스. https://www.syu.ac.kr/blog/%ec%82%bc%ec%9c%a1%eb%8c%80-%ed%99%8d%eb%b3%b4%ed%8c%80%ec%9d%b4-%ec%bb%a4%eb%ae%a4%eb%8b%88%ec%bc%80%ec%9d%b4%ec%85%98%ed%8c%80%ec%9c%bc%eb%a1%9c-%ec%83%88%ec%b6%9c%eb%b0%9c/?

연합뉴스(2024.1.19). "뉴욕 등은 교내 AI 금지하는데… 미 애리조나대 '챗GPT 전면 활용'". https://www.yna.co.kr/view/AKR20240119006000075

Carat(2025.5.19). "AI 마케팅 성공 사례: LG유플러스 'AX특공대'". Blog. https://carat.im/blog/lg-uplus-ai-advertising-case-study

Imperial College London(2023). Communications Division Strategy 2022-23. https://www.imperial.ac.uk/Stories/communications-strategy-2022-23/

UNESCO(2021). AI and Education: Guidance for policy-makers. United Nations Educational, Scientific and Cultural Organization.

Wikipedia. UKeU(UK e-University). https://en.wikipedia.org/wiki/UKeU

02
생성형 AI로 설계하는 홍보 브랜드 전략

"너희 대학은 뭐가 달라?" 이 짧은 질문은 대학 홍보의 본질을 꿰뚫는다. 학령인구 감소에 따른 대학 간 경쟁이 심화될수록 모호한 브랜드는 곧 존재감의 상실로 이어진다. 이제 대학 홍보는 '잘 가르치는 곳'이 아니라 '왜 존재하는지'에 답하는 곳이 되어야 한다. 이제 설계자로서의 생성형 AI가 대학 브랜드 전략의 미래를 이끈다.

노래하는 AI 보컬?

대학 브랜드 전략, 왜 실패하는가?

브랜드는 일관되게 유지되도록 관리해야 한다. 이 말은 단순히 슬로건 제작이나 로고 디자인을 넘어, 조직 내부에 내재한 진정한 정체성과 가치를 찾아내고 다듬어야 한다는 의미를 담고 있다. 하지만 현실의 많은 대학들은 여전히 '취업 잘되는 대학', '학생을 잘 챙기는 대학'이라는 진부한 문구에 머물러 있다.

왜 이런 문제가 발생할까? 수험생 · 학부모 · 지역사회 · 재학생 등 다양한 타깃을 모두 만족시키려 하면서 대학의 메시지가 분산된다. 수험생에게는 취업률과 교수진 정보를, 지역사회에는 공공성 기여를, 재학생에게는 복지와 학사 만족도를 강조하다 보면 정작 대학만의 핵심 정체성이 흐려진다.

브랜드는 단순한 로고나 표어를 넘어 대학의 철학, 방향성, 구성원의 신념과 문화를 포괄하고, 이러한 요소들이 통합된 정체성이 학생들의 충성도(loyalty)에 영향을 준다(김지우 · 하미경, 2014). 그럼에도 많은 대학이 브랜드 정체성 개발을 외부 홍보 회사에 의존하다 보니, 내부 구성원의 공감대 형성이 부족해 지속 가능하고 진정성 있는 브랜드로 성장하지 못하는 문제가 발생하고 있다.

결국 대학 브랜드 전략의 실패는 '누구를 위한, 무엇을 위한 브랜드인가'에 대한 근본적 이해 부족에서 출발한다.

생성형 AI 기반의 BI 수립 전략

"AI는 브랜드 의사 결정, 소비자 경험 설계 등에서 창의성과 철학을 반영하는 역할을 점차 확대하고 있다."(김우용, 2024). 전통적으로 브랜드 아이덴티티(BI)는 대학 내부 핵심 인사들의 논의와 전문가의 창의력이 결합되어 수립됐다. 하지만 최근 생성형 AI의 도입은 BI 수립의 패러다임을 바꾸고 있다. AI는 대학 내부 문서, 인터뷰, 기존 홍보 콘텐츠를 분석해 핵심 가치와 브랜드 키워드를 도출한다. 또한 유사 대학들의 사례와 차별화 요소를 파악해 독창적인 방향성을 설정한다.

예를 들어, 한 대학에서는 AI가 전년도 교수 인터뷰, 학교 비전 문서, 학생 의견 수집 자료를 분석해 '혁신', '현장 중심', '글로벌 마인드'라는 핵심 키워드를 추출했다. 이를 바탕으로 AI는 슬로건과 키비주얼 시안을 제안했고, 내부 구성원의 피드백과 수정을 통해 브랜드가 완성되었다.

이 과정은 AI와 사람의 협업으로 이루어진다. AI는 데이터를 기반으로 창의적 시안을 빠르게 제시하고, 사람은 문화적 맥락과 전략적 감각을 더해 최종 BI를 정교화한다. 결과적으로 AI는 단순한 자동 생성 도구가 아닌, 대학 브랜드 철학을 구현하는 핵심 설계자로 자리매김하고 있다.

타깃별 메시지 전략: 정체성의 언어적 변환

하나의 메시지가 모든 사람에게 동일한 반응을 일으키지 않기 때문에, 타깃별 특성을 고려한 메시지 전략이 효과적일 수 있다(이종선 · 최유진, 2020). 예컨대 '미래를 키우는 대학'이라는 포괄적 메시지가 있다고 하자. 이 메시지는 수험생에게는 '내 꿈에 가장 가까운 대학', 학부모에게는 '내 아이를 안심하고 보낼 수 있는 대학', 지역사회에는 '지역과 함께 성장하는 대학'으로 변환될 필요가 있다. 단일 메시지를 여러 타깃에 맞춰 재해석하고 전달하는 것은 쉽지 않은 작업이다.

여기서 생성형 AI가 중요한 역할을 한다. AI는 타깃별 특성을 분석하고, 메시지를 각각의 언어적 스타일과 톤에 맞게 변환한다. 예를 들어, 유튜브 영상 제목에는 젊고 직관적인 문체를, 학부모 대상 카드뉴스에는 신뢰와 안정감을 강조하는 어조를 적용한다.

이와 같이 AI는 다수의 채널과 타깃에 최적화된 콘텐츠를 자동으로 생산함으로써 브랜드 메시지의 일관성을 유지하는 동시에, 각 이해 관계자에게 효과적으로 다가갈 수 있도록 지원한다. 이로 인해 대학 홍보는 보다 전략적이고 정교해지고 있다.

학과 단위 브랜딩: 콘텐츠의 정체성화

대학 브랜드는 단일 BI만으로 완성되지 않으며, 개별 학과, 교수, 학생 등의 콘텐츠가 모여 대학 정체성이 형성된다. 이에 학과 단위 브랜딩이 점점 중요해지고 있다.

AI는 각 학과의 교육과정, 교수진, 졸업생 진로, 연구 성과 데이터를 분석해 학과별 스토리라인을 제안할 수 있다. 예를 들어 "고등학생 눈높이에서 이 학과를 감성적으로 설명해 줘"라는 프롬프트를 주면, 공감력 있는 설명을 생성한다.

A대학교 방송사진미디어학과는 기존의 추상적 슬로건 대신 교육과정, 프로젝트, 졸업생 진로 등의 콘텐츠 요소를 분석하여 '실전형 학과'라는 구체적 브랜드 스토리라인을 구축하려는 전략을 취하고 있다.

이 스토리를 바탕으로 유튜브 쇼츠, 학과 슬로건, 입학 설명회 리플릿 등 다양한 홍보 콘텐츠가 제작됐고, 학과 브랜드의 정체성이 명확히 드러나면서 홍보 효과가 크게 향상되었다. AI는 학과별 특성에 맞춘 스토리텔링과 콘텐츠 제작을 지원하는 강력한 도구가 되고 있다.

산업 AI 캠페인 사례에서 배우는 대학 홍보 전략

대학 홍보에서 AI를 효과적으로 활용하는 실마리는 산업 현장의 AI 광고 사례에서도 찾을 수 있다. 국내 보험업계 최초로 캐롯손해보험은 AI가 기획부터 영상, 이미지, 음성 제작까지 전 과정을 주도하는 '디지털 유니버스' 캠페인을 선보였다(데일리한국, 2025.8.4). 보험이라는 추상적 개념을 동화와 게임을 모티브로 한 문화 콘텐츠 형식으로 풀어내 사용자 몰입도와 메시지 전달력을 극대화했다.

이 사례는 대학 홍보 현장에도 시사점을 준다. 첫째, AI는 대학 핵심 가치를 문화 콘텐츠처럼 경험화해 몰입도 높은 브랜딩을 가능케 한다. 둘째, 타깃별 톤과 채널을 세분화해 맞춤형 콘텐츠를 다채롭게 생산할 수 있다. 예를 들어, 입시생 대상 쇼츠 영상과 학부모 대상 블로그 콘텐츠를 동시에 기획하는 식이다. 셋째, 기획-제작-배포-성과 분석을 AI 기반으로 통합 운영하면 홍보팀은 콘텐츠 생산자를 넘어 전략 설계자로 전환할 수 있다. 대학도 AI를 적극 도입해 이와 같은 마스터플랜 체계를 구축할 필요가 있다.

콘텐츠 기획·제작·배포를 연결하는 AI 실행 전략

정체성이 명확해지면, 이를 실질적인 콘텐츠로 구현하는 정교한 실행 전략이 필수적이다. AI는 BI 메시지를 기반으로 각 타깃별 페르소나를 자동 분석하고, 이를 플랫폼별 형식과 톤에 맞게 변환해 콘텐츠를 제안한다.

예를 들어 '미래를 키우는 대학' 메시지로 입시생 대상 유튜브 쇼츠 시나리오와 학부모 대상 블로그 칼럼 초안을 동시에 생성할 수 있다. 콘텐츠 배포 이후에는 사용자 반응을 실시간 분석해 어떤 메시지가 어떤 타깃에게 효과적인지 파악한다.

이를 통해 전통적 '감에 의존하는 홍보'에서 벗어나 데이터 기반 인사이트를 확보할 수 있으며, 다음 콘텐츠 전략을 과학적으로 고도화한다. AI는 기획-제작-배포-분석 전 과정을 유기적으로 연결해 대학 홍보팀의 전략적 의사 결정을 지원하는 강력한 파트너가 된다.

AI 시대, 인간 중심의 브랜드 전략

캐롯손해보험 사례에서 알 수 있듯이 AI는 브랜드 서사와 사용자 경험을 통합적으로 설계하는 막강한 도구다. 하지만 그 본질적 차별화는 데이터를 해석하고 브랜드 가치를 의미 있게 전환하는 사람의 통찰과 창의성에서 비롯된다.

AI는 사람이 발견한 정체성과 철학을 디지털 언어로 확장하고 정제하는 촉매 역할을 할 뿐이다. 브랜드의 진정한 힘은 결국 사람의 감각과 전략적 사고에 있다. 홍보팀은 기술과 사람 사이 균형을 맞추어, 창의성과 진정성을 결합한 브랜드 전략을 수립하고 실행해야 한다. 다음에는 이렇게 수립된 브랜드 전략을 구체적 콘텐츠 기획 · 제작 · 배포 과정으로 전환하는 방법을 다룬다. 전략이 실행으로 옮겨지는 순간, 생성형 AI는 대학 홍보 경쟁력의 핵심 파트너가 된다.

참고문헌

김우용(2024). 완전히 예측 밖이었던 2023년 IT 트렌드, 2024년은 어떨까. Daou IDC 블로그.
https://blog.daouidc.com/blog/it-trend-2023-2024

김지우·하미경(2014). 캠퍼스의 브랜드 아이덴티티가 캠퍼스 충성도에 미치는 영향에 관한 연구. 《브랜드디자인학연구》,

12(2), 195-204.
https://doi.org/10.18852/bdak.2014.12.2.195
데일리한국(2025.8.4). "캐롯손보, AI 기반 '디지털 유니버스' 광고 캠페인 공개".
https://daily.hankooki.com/news/articleView.html?idxno=1252386
이종선·최유진(2020). 지방자치단체 위기 대응에 있어 위기 책임성이 메시지 수용도와 지방자치단체 신뢰도에 미치는 영향: 정치 성향별 위기 커뮤니케이션 전략, 매체 유형의 조절된 매개 효과를 중심으로. 《PR연구》, 24(5), 66-104.
https://doi.org/10.15814/jpr.2020.24.5.66

03
생성형 AI로 혁신하는 콘텐츠 제작 실무

차별화된 브랜드가 현장에서 영향력을 발휘하려면, 기획–제작–배포–성과 분석에 이르는 콘텐츠 제작 실무 전 과정에서 AI의 역량이 구체적으로 구현되어야 한다. 그러한 전략 실행의 첫걸음인 연간 콘텐츠 전략 수립과 운영, 전통·디지털 매체 통합, 전략적 캘린더 재설계, 그리고 국내외 혁신 사례를 다룬다.

인공지능과 편향?

생성형 AI로 혁신하는 콘텐츠 전략 설계

과거의 연간 홍보 전략은 주로 일정 위주의 기계적 계획에 그쳤다. 그러나 디지털 마케팅 전략에서 생성형 AI는 방대한 데이터를 분석하여 시의성, 전달력, 대상별 적합성을 동시에 충족하는 전략으로 전환할 수 있다(Ziakis & Vlachopoulou, 2023). 반복적으로 등장하는 주요 이슈—입시 시즌, 입학식, 졸업식, 연구 성과—에도 AI를 통해 새로운 스토리텔링과 적합한 콘텐츠 포맷을 부여할 수 있다.

최근 국내에서는 AI 챗봇이 콘텐츠 전략 수립의 실마리가 되고 있다. 건양사이버대학교는 2020년부터 AI 기반 입시 챗봇을 도입해 학생 상담 데이터를 축적·분석, 빈번한 문의 내용을 FAQ 콘텐츠로 전환하고 맞춤형 정보 제공 전략을 실행하고 있다(대학저널, 2020.6.5).

또한 전자출결업체 씨드시스템의 'O2ai 입시 챗봇'은 다국어 상담과 상담 유형별 콘텐츠 수요 예측 기능으로 콘텐츠 우선순위 설정에 활용되고 있다(대한민국교육신문, 2024.10.25).

또한 중앙대학교는 학생 개인 학업 이력과 이수 과목을 기반으로 맞춤 진로와 수강 계획을 제안하는 AI 진로설계 플랫폼 'e-Advisor'를 운영 중이며, 세종사이버대학교는 AI 학습관리 시스템과 맞춤형 튜터링을 도입해 개별 학습 환경을 지원하고 있다. 서강대학교와 한림대학교도 AI 기반 학습 지원 플랫폼과 교육 솔루션을 도입해 교수자-학습자 상호작용을 강화하며, 백석문화대학교는 머신러닝 기반 재학 지속성 예측 AI로 중도 이탈 위험 학생을 사전 식별 · 지원하고 있다(김도환, 2025). 이러한 대학 현장 적용 사례들은 AI가 단순한 기능적 도구를 넘어, 교육 · 행정 · 홍보 전 영역에서 전략 설계 전반을 지원하는 핵심 파트너로 자리매김하고 있음을 보여준다.

이처럼 AI는 단순 콘텐츠 제작 도구를 넘어 콘텐츠 전략 전반을 설계하는 강력한 파트너로 진화하고 있다. 노션 AI(Notion AI), 에어테이블 AI(Airtable AI)와 같은 도구를 활용하면 학사 일정, 캠퍼스 주요 행사, 국가 행사와 연동된 자동 콘텐츠 캘린더를 생성할 수 있으며, AI는 과거 콘텐츠 성과 데이터를 분석해 유사 주제의 미래 성과를 예측한다. 나아가 고등학생, 학부모, 동문, 교수 등 타깃별 선호 채널 · 포맷에 맞춰 최적의 전달 방안을 설계한다.

AI 기반 실시간 콘텐츠 캘린더 운영

최근의 콘텐츠 계획은 단순한 정적 스케줄에서 벗어나, 실시간 변화에 대응하는 동적 시나리오로 전환되고 있다. 정책 변화, 입시 제도 개편, 사회적 이슈 발생 시 AI는 과거 유사 상황을 학습해 즉시 대응 가능한 콘텐츠 초안을 생성하고, 해당 주제에 민감한 타깃 그룹을 식별해 우선 배포 채널과 형식을 추천한다.

AI 챗봇 상담 데이터도 전략적 자산이 된다. 자주 언급된 질문, 검색어, 불만 사항을 분석하면 콘텐츠 사전 수요를 예측할 수 있어, 연간 계획을 보다 현실적이고 정밀한 실행 문서로 발전시킨다.

AI로 구현하는 전통-디지털 융합 전략

전통 언론 매체는 대학 홍보에서 신뢰와 공공성 확보의 중요한 채널로 여전히 활용되고 있으나, 디지털 채널과의 융합 없이는 주목도를 유지하기 어려운 상황이다. 생성형 AI는 동일한 메시지를 보도 자료 → 카드뉴스 → SNS 이미지 → 숏폼 영상 → 블로그 기사로 자동 변환해, 채널 간 경계를 허무는 융합 전략을 실현한다.

예를 들어, AI는 보도 자료 원문을 분석해 SNS용 카드뉴스 이미지, 30초 이내의 영상 스크립트, 언론사 스타일에 맞춘 제목 추천까지 수행한다. 대구한의대학교의 'AI기린' 챗봇은 실시간 교내 정보 제공뿐 아니라 상담 데이터를 기반으로 한 FAQ 자동 생성, 보도 자료의 디지털 콘텐츠 변환 등 학내 홍보 운영 전반에 AI를 접목한 사례다(대구한의대학교, 2025). 이처럼 AI는 전통과 디지털 매체를 연결해 대학 홍보의 통합적 실행을 돕는다.

AI로 재설계하는 콘텐츠 전략 지도

콘텐츠 캘린더는 단순한 일정 관리를 넘어서 대학의 전략적 메시지를 체계적으로 구현하는 도구가 되어야 하며, AI의 도입은 콘텐츠 기획의 철학과 구조를 근본적으로 재설계하는 계기가 된다. 전략 수립 시에는 다음과 같은 핵심 질문들을 통해 방향성을 점검해야 한다.

① 올해 대학이 사회에 던질 핵심 메시지는 무엇인가?
② 누구에게 어떤 방식으로, 어떤 타이밍에 전달할 것인가?
③ AI는 이 전략을 어떻게 강화하고 자동화할 수 있는가?

AI는 이러한 질문을 바탕으로, 인간의 통찰을 구체적인 전략 설계 · 콘텐츠 제작 · 채널 배포 과정에 반영해 홍보팀을 단순 제작자에서 전략 설계자로 재정의한다.

콘텐츠 제작 실무 혁신: 국내외 사례

AI는 콘텐츠 기획 · 제작 · 분석 전 과정을 아우르는 실무 혁신 도구로 자리 잡고 있다.

국내에서는 앞서 언급한 건양사이버대, 씨드시스템 사례 외에도, 중앙대학교의 e-Advisor, 세종사이버대학교의 AI 학습관리 시스템, 서강대학교와 한림대학교의 학습 지원 플랫폼, 백석문화대학교의 재학 지속성 예측 AI 등 다양한 형태로 교육 · 홍보 현장에 도입되고 있다(김도환, 2023). 최근 한국대학교육협의회는 '해외 대학의 AI Teaching Assistant(AI 조교) 활용 사례 분석'을 담은 보고서 'Higher Education Issue 제2호'를 발간했다(대학지성 In&Out, 2025.6.28).

이 보고서에 따르면, 미국, 영국, 캐나다 등 AI 선도국의 일부 대학들은 이미 강의 조교로 AI를 활용하거나 학습 지원 챗봇 등을 운영하며 교육 혁신을 시도하고 있다. 또한 정부 주도의 디지털 교육 투자와 AI 전략에 힘입어, 대학에서 개인별 학습, 행정 업무 자동화, 학업 성과 분석 등에 AI를 적극 활용하고 있다.

'2025 CHAI 대학생 AI 광고 공모전'은 학생들이 직접 생성형 AI를 활용해 광고를 제작하는 프로그램으로, AI 교육과 실전 홍보를 결합한 대표적 사례다(중앙일보, 2025.9.26). 또한 일부 대학은 입학 지원서 데이터 분석에 AI를 활용해 전공 적합도를 예측하거나, 에세이의 표절 · AI 사용 여부를 검증하는 등 간접적으로 입시 전략과 마케팅 정밀도 향상에 기여하고 있다.

해외 사례로는 미국 벤틀리대학교가 수요 기반 Master Class 영상 콘텐츠를 제작해 6개월 만에 파트타임 MBA 입학생 30% 증가, 리드 데이터베이스 200% 확충이라는 성과를 거뒀다(Valocity Marketing, 2021). 영국 더비대학교는 이탈 위험이 높은 리드를 예측 분석하여 사전 맞춤 콘텐츠를 제공하는 캠페인으로 전환율을 효과적으로 높였다(Stoyanovska & Donevska, 2021).

이처럼 생성형 AI는 ① 연간 전략 수립 ② 실시간 캘린더 운영 ③ 전통 · 디지털 융합 ④ 전략적 콘텐츠 재설계 ⑤ 국내외 적용 사례까지 콘텐츠 제작 실무 전반을 혁신하고 있다. 그러나 제작된 콘텐츠가 기대한 성과 및 확산 효과를 거두려면 각 플랫폼별 특성과 사용자 행동 데이터에 맞춘 AI 기반 맞춤 확산 전략이 필수적이다.

참고문헌

김도환(2025). "국내 주요 대학의 AI 도입 사례 분석집". 브런치. https://brunch.co.kr/@brunchk1wj/289

대구한의대학교(2025). AI기린이 챗봇 – 교내 시스템 안내. 대구한의대학교 홈페이지. https://interior.dhu.ac.kr/pages/sub.htm?nav_code=dhu1740552848

대학저널(2020.6.5). "건양사이버대, AI 챗봇 시스템을 선도하다". https://www.dhnews.co.kr/news/articleView.html?idxno=123558

대학지성 In&Out(2025.6.28). "AI 조교 도입, 기술적 선택 넘어 교육의 질적 혁신적 전환 위한 전략적 과제". https://www.unipress.co.kr/news/articleView.html?idxno=12704

대한민국교육신문(2024.10.25). "(주)씨드시스템, AI챗봇 솔루션으로 국내 대학 시장 재도약". https://www.kedupress.com/news/article.html?no=143176

중앙일보(2025.9.26). "차이커뮤니케이션 '대학생 AI광고 공모전' 시상식...대상 '깔끔한 이별'". https://www.joongang.co.kr/article/25370305

Stoyanovska, S., & Donevska, N.(2021). Best practices for using data analytics tools in universities: State-of-play. CEUR Workshop Proceedings, 3061, 91~102. https://ceur-ws.org/Vol-3061/ERIS_2021-art11%28sh%29.pdf

Valocity Marketing(2021). Case study: Digital marketing innovation in higher education. https://www.valocitymarketing.com/post/digital-marketin

g-higher-education
Ziakis, C., & Vlachopoulou, M.(2023). Artificial Intelligence in Digital Marketing: Insights from a Comprehensive Review. Information, 14(12), 664. https://doi.org/10.3390/info14120664

04
플랫폼별 AI 맞춤 전략과 콘텐츠 확산

대학 홍보의 핵심 무대가 된 다양한 플랫폼별 특성과 타깃별 소통 전략을 분석하고, AI를 활용한 콘텐츠 자동화 및 확산의 실제 사례를 살펴본다. 나아가 기술 자동화와 인간의 역할 균형을 고민하며, 실무에 바로 적용할 수 있는 방향을 제시한다.

청각장애인과 AI?

대학 홍보의 중심 무대는 이제 다채로운 디지털 플랫폼이다. 인스타그램 · 유튜브 · 블로그 · 뉴스레터 · 문자메시지 등 각 채널은 청중의 관심사와 소비 방식이 다르다. 생성형 AI는 이 차이를 빠르고 정교하게 반영해 하나의 메시지를 여러 무대에서 최적화할 수 있게 한다. 이 장에서는 플랫폼별 특성 분석 → AI 기반 제작 워크플로 → 실무 가이드 → 전략 포인트 → 인간과 AI의 역할 균형 순서로 살펴본다.

플랫폼별 맞춤화의 필요성

"같은 옷이라도 무대에 따라 스타일이 달라져야 한다." 요즘 대학 홍보의 본질을 정확히 짚는 표현이다. '○○대학교가 교육부 평가에서 A등급을 받았다'는 소식을 예로 들어 보자. 인스타그램에서는 감각적인 카드뉴스와 해시태그로, 유튜브 쇼츠에서는 1분 브이로그로, 홈페이지에서는 신뢰감 있는 보도 자료로, 문자 메시지에서는 단 한 줄 공지로 변신한다.

이제 홍보는 '하나의 메시지를 여러 무대에서 어떻게 연출하느냐'의 시대다. 생성형 AI는 이러한 멀티 채널 전략에서 동일한 메시지를 각 채널 특성에 맞게 자동 조정하고 전달한다(Enreach, 2025).

대학 홍보의 대상은 수험생, 학부모, 지역사회, 기업, 언론, 졸업생 등 다양하며, 이들은 집단에 따라 서로 다른 메시지 유형과 콘텐츠 선호도를 보인다(전혜연, 2020). 예를 들어 수험생은 인스타그램 · 유튜브 · 틱톡을 통해 대학 정보를 소비하고, 졸업생이나 지역사회는 블로그나 홈페이지 · 뉴스레터를 주로 이용한다. 동일한 메시지라도 아래 각각의 플랫폼에 맞게 '재구성'해야 효과적인 전달이 가능하다.

① 인스타그램: 이미지 중심, 짧은 텍스트, 해시태그 최적화. 감성적 콘텐츠에 강함.
② 유튜브 쇼츠: 짧고 강렬한 1분 콘텐츠. 챌린지, 캠퍼스 브이로그, 교수 브리핑에 효과적.
③ 블로그: 검색 최적화(SEO)를 고려한 장문의 정보성 콘텐츠. 교육과정, 비교과 활동 소개에 적합.
④ 홈페이지: 정확성과 신뢰성 강조. 대학 공식 창구로서 입시, 행사, 성과 정리.
⑤ 뉴스레터: 타깃별 맞춤형 소식 전달. 교수진, 재학생, 학부모, 졸업생 대상 별도 설계 필요.
⑥ 문자 · 공문: 공식성 · 신속성 강조. 공지 · 위기 대응에 효과적.

AI와 함께하는 제작 워크플로

"AI는 24시간 쉬지 않는 인턴이다. 다만, 지시를 명확하게 해야 한다." 2023년 마케팅 서밋에서 발표된 AI 활용 조언이다. 실제로 홍보팀이 AI를 '잘' 쓰는 순간, 콘텐츠 제작 속도와 품질은 동시에 향상된다. 예를 들어, "○○대학교 입학설명회 일정을 인스타그램용 카드뉴스로 만들어 줘"라는 프롬프트를 입력하면, AI는 해당 포맷에 맞춘 초안을 즉시 만들어 낸다. 이 과정을 체계화하면 다음과 같다.

① 입력(프롬프트 설계): 예를 들어 '○○대학교의 입학설명회 일정을 인스타그램용으로 알려 줘'라고 입력하면 AI는 형식에 맞춘 콘텐츠를 자동 작성한다.

② 포맷 자동화: 미드저니(Midjourney), 달리(DALL · E), 캔바(Canva) 등으로 이미지 생성, 캡컷(CapCut)이나 피카(Pika)로 영상 클립 제작.

③ 일괄 배포 및 예약: 버퍼(Buffer), 후트스위트(Hootsuite), 노션 소셜(Notion Social) 등으로 여러 채널에 자동 업로드 및 예약 게시.

국내에서도 이미 사례가 활발하다. 동국대학교는 AI

기반 캡스톤 디자인 강의에서 학생들이 직접 홍보 영상을 제작하도록 했다. 완성된 영상들은 유튜브 쇼츠 등에서 확산되며 실무 경험과 AI 자동화의 결합 효과를 보여주었다(동국대학교, 2024). 미디어센터관악도 '생성형 AI를 활용한 유튜브 쇼츠 제작' 강좌를 통해 학생들의 AI 활용 역량을 높이고 있다(미디어센터관악, 2025).

비대학 사례지만 디비피아(DBpia)는 AI를 활용해 인기 밈(meme)과 논문 제목을 결합한 인스타그램 릴스 콘텐츠로 팔로워 11배를 성장시켰다(Wepick, 2024). 이 사례는 AI가 트렌드 맞춤형 콘텐츠 제작에 얼마나 효과적인지를 입증했다.

채널별 콘텐츠 실무 가이드

"콘텐츠는 물과 같다. 그릇에 따라 모양이 달라진다." 콘텐츠 전략가 J. 발렌타인의 말이다. 같은 소식이라도 인스타그램, 블로그, 뉴스레터에 실리면 전혀 다른 옷을 입는다. 홍보팀이 이를 감각적으로 조율할 때, 채널은 각기 다른 청중의 마음에 정확히 닿는다.

① 인스타그램

– 포맷: 카드뉴스 + 핵심 문장 + 이모지.

– AI 활용: Canva Magic Design, GPT 해시태그 생성.

– 추천 콘텐츠: 축제 스케치, 학과 소개, 학생 인터뷰, 릴스 챌린지 등.

② 유튜브 쇼츠

– 포맷: 1분 내외 영상, 자동 자막 삽입.

– AI 활용: Descript로 자동 편집, GPT로 대본 작성, 자막 번역.

– 추천 콘텐츠: 캠퍼스 투어, 교수 한마디(30초 소개), 학생 브이로그.

③ 블로그

– 포맷: 장문 설명형 + 사진 + FAQ.

– AI 활용: SEO 키워드 추출, GPT로 초안 작성.

– 추천 콘텐츠: 입시 꿀팁, 장학금 후기, 취업 성공기, 교수 칼럼.

④ 홈페이지

– 포맷: 공식 보도 형식 + 정제된 정보 배열.

– AI 활용: GPT 요약/분류, Airtable과 연동된 자동 업데이트.

– 추천 콘텐츠: 입시 일정, 학교 소식, 행사 공지, 성과 발표.

⑤ 뉴스레터

– 포맷: 타깃 맞춤형 요약 + 링크 + 타깃 분류.

- AI 활용: GPT로 제목 생성, GPT 분류 및 클러스터링.
- 추천 콘텐츠: 교수 기고문, 재학생 소식, 동문 인터뷰, 연구 성과.

⑥ 문자 · 공문
- 포맷: 간결하고 신뢰도 높은 문장.
- AI 활용: GPT로 문체 자동 조정, 요약 기능.
- 추천 콘텐츠: 긴급 알림, 학사 일정 변경 공지, 위기 대응 메시지 등.

전략 설계 시 꼭 챙겨야 할 네 가지 포인트

"최첨단 AI 툴은 마케팅 활동의 효과를 거의 실시간으로 확인하고 그에 따라 전략을 조정할 수 있다."(IBM, 2025). 플랫폼 운영에서 전략을 놓치면 AI는 단순히 '많이 만드는 기계'가 될 수 있다. 따라서 AI 자동화 이전에 반드시 전략의 기본 틀을 다져야 한다.

① 타깃별 설계: 수험생 · 재학생 · 교직원 · 졸업생 등 그룹별 기획.

② 트렌드 반영: 릴스, 쇼츠 등은 밈 · 챌린지 트렌드에 즉각 대응.

③ 리소스 관리: AI 자동화로 제작 부담 완화, 주요 메시지

는 실무자 감수.

④ 운영 주기 유지: 채널별 주간/월간 캘린더로 공백 방지.

해외 사례로 미국 조지아주립대학교(Georgia State University)는 AI 챗봇 'Pounce'를 도입해 신입생 등록 포기율을 감소시키고, 학생들의 참여도와 학업 성과를 향상시켰다(Georgia State University, 2024). 이는 뉴스레터 · 문자 등 개인화 채널에서 AI가 어떻게 맞춤 커뮤니케이션을 구현할 수 있는지를 보여 주는 대표적인 모델이다.

자동화와 창의성의 균형점 찾기

"자동화가 할 수 없는 것은, 사람만이 느끼는 순간의 울림이다." 미국의 베스트셀러 작가인 대니얼 핑크(Daniel H. Pink)가 2009년 출간한 비즈니스 · 자기계발서 '드라이브(Drive)'에 나오는 말이다. 금전적 보상보다 자율성 · 마스터리 · 목적이 인간을 더 강력하게 동기부여한다는 내용이지만, 이를 AI 시대에 접목하면 'AI 자동화 vs 인간의 창의성'에 빗댄 표현으로 사용할 수 있다.

AI는 누구보다 빠르게 초안을 쓰고, 영상을 편집하며, 이미지를 만든다. 그러나 '공감'과 '맥락에 맞는 감성'은 사람의 몫이다. 같은 내용을 전달하더라도 인스타그램은 감성 중심, 블로그는 정보 중심, 쇼츠는 몰입 중심으로 다르게 구성해야 한다.

생성형 AI는 초안 작성과 형식화 측면에서 효율성을 제공하지만, 최종 메시지 설계와 대상별 감수성은 여전히 실무자의 책임 영역이다. AI가 생산성과 속도를 지원하는 동안, 실무자는 전략적 판단과 감수성을 기반으로 콘텐츠의 방향성을 결정해야 하며, 기술과 인간의 통찰이 결합될 때 콘텐츠는 의미 있는 메시지로서 소통의 효과를 극대화할 수 있다.

필수 전략으로서의 플랫폼 운영

다양한 플랫폼이 대학 홍보의 주 무대가 된 지금, 동일한 메시지라도 채널별 재구성이 필수다. AI는 이 재구성과 확산을 자동화하는 강력한 도구이지만, 최종적인 방향성과 감수성은 사람의 역할이다.

중요한 것은 기술과 창의성의 균형을 유지하며 각 타깃에 최적화된 콘텐츠를 정교하게 설계하는 것이다. 홍보팀은 AI와 협업해 더 민첩하고 정교한 커뮤니케이션 조직으로 진화해야 한다.

참고문헌

동국대학교(2024). "'챗GPT 활용 캡스톤 디자인' 홍보 영상 제작 사례". 동국대 공식발표 자료.

미디어센터관악(2025). "2025 AI 공모전 연계 특강 [AI 콘텐츠 메이킹 A to Z] 참여자 모집)". https://www.mcga.or.kr/site/main/archive/post/2025-ai-%EA%B3%B5%EB%AA%A8%EC%A0%84-%EC%97%B0%EA%B3%84-%ED%8A%B9%EA%B0%95-%EC%B0%B8%EC%97%AC%EC%9E%90-%EB%AA%A8%EC%A7%91?cp=1&sortDirection=DESC&listType=list&catId=1

전혜연(2020). '인물, 메시지, 디자인 유형별 분석을 통한 모델 소구형 대학 광고 연구'. 《광고학연구》, 31(1), 135~161. https://www.dbpia.co.kr/journal/articleDetail?nodeId=NODE09298302

Enreach(2025). How AI personalizes multi-channel messaging. Enreach.ai. https://www.enreach.ai/insights/how-ai-personalizes-multi-channel-messaging

Georgia State University(2024). National Institute for Student Success at Georgia State Awarded $7.6M to Study Benefits of AI-Enhanced Classroom Chatbots. https://news.gsu.edu/2024/01/11/national-institute-for-student-success-awarded-7-6-million-grant-by-u-s-department-of-education/

IBM(2025). A Guide to AI in Marketing. https://www.ibm.com/kr-ko/think/topics/ai-in-marketing

Wepick(2024.3.25). 디비피아, AI 활용한 인스타그램 릴스 콘텐츠로 팔로워 11배 성장. Wepick.
https://letter.wepick.kr/post/401

05
AI를 활용한 개인 맞춤형 입시 마케팅 전략

이제 수험생은 단순한 '일방 홍보'가 아니라, 자신에게 꼭 맞는 '맞춤 응답'을 원한다. AI는 대학과 수험생 간 커뮤니케이션을 자동화하는 수준을 넘어서, 개인별 맞춤 경험을 제공하는 전략적 도구로 진화하고 있다. AI는 수험생의 관심사와 상황에 맞는 정보를 실시간으로 제공하며, 수십만 건의 질문에도 자동으로 대응해 정보 홍수 속에서 길잡이 역할을 한다.

AI 콘텐츠 크리에이터?

오늘날 수험생들은 기본적인 입학 요강이나 전공 소개만으로는 대학을 선택하지 않는다. 그들은 자신에게 적합한 학과, 장학금, 캠퍼스 분위기 등 다각도의 정보를 궁금해한다. AI는 이런 수요를 충족하며 입학 커뮤니케이션을 쌍방향, 개인화된 대화의 시대로 이끈다(김도환, 2025).

AI 챗봇 기반의 24시간 입학 Q&A 시스템

AI 챗봇은 "이 학과는 무엇을 배우나요?", "기숙사는 있나요?", "면접 준비는 어떻게 하나요?" 같은 자주 묻는 질문에 실시간 답변을 제공한다. 특히 GPT 기반 생성형 챗봇은 단순 FAQ를 넘어서, 맥락을 이해하고 자연스러운 대화를 가능하게 한다.

예를 들어, '○○대학교 입학봇'은 수험생이 잘못된 학과명을 입력하거나 복잡한 질문을 해도 정확한 의도를 파악해 친절하게 답변한다. 또한 자주 묻는 질문을 분류하고, 자체 학습으로 답변의 정확성을 높여 간다.

국내 사례로는 연성대학교의 'GemAI' 챗봇이 있다. 이 챗봇은 월 2,500건 이상의 입시 문의를 실시간 처리하며, RAG 기술을 적용해 환각 현상과 데이터 유출 위험을 최소화했다. 24시간 운영으로 수험생과 학부모의 높은 만족도를 얻었고, 입시 상담 효율성도 크게 향상되었다(머니투데이, 2025.3.4).

챗봇 운영 시에는 다음과 같은 사항을 고려해야 한다.

① 도메인 지식 학습: 대학만의 정보와 표현 방식 학습.

② 오류 감지 및 예외 처리: 불완전한 입력에 대한 유연한 응답 설계.

③ 응답 톤 조절: 대학의 브랜드 성격에 맞는 언어 스타일 유지.

챗봇은 단지 '정보를 주는 창구'가 아니라, 대학과 수험생 사이의 첫 접점이자 브랜드 경험의 시작이다.

추천 시스템 기반 맞춤형 콘텐츠 제공

추천 시스템은 넷플릭스처럼 이용자 행동 데이터를 분석하여 맞춤 콘텐츠를 자동으로 제시하는 기술이다. 이제 대학 홍보도 이 방식을 도입하여 잠재 고객(수험생)에게 입학 정보 전달의 효율과 만족도를 높이고 있다.

실제로 사교육 시장에서는 이미 AI가 수험생의 행동 데이터와 학생부를 과학적으로 분석하여 최적의 학생부 종합전형 지원 전략을 맞춤 제시하는 서비스가 출시된

바 있다(매일경제, 2024.8.23).

예를 들어, 'AI 학과'에 관심을 보인 수험생에게는 관련 학과 영상, 교수 인터뷰, 재학생 후기, 입시 결과 등 맞춤형 콘텐츠를 큐레이션할 수 있다. 뉴스레터 역시 관심 분야별로 개인화해 발송 가능하다.

추천 시스템을 제대로 구현하려면 다음과 같은 순환 구조가 필요하다.

① 데이터 수집: 클릭, 조회 시간, 검색 키워드 등 행동 기반 정보.
② 세분화 모델 설계: 관심군(예: 인문, 공학, 예체능) 분류.
③ 콘텐츠 매칭: 각 그룹에 맞는 콘텐츠 자동 배치 및 추천.

앞으로는 추천 시스템에 생성형 AI가 직접 콘텐츠를 조합하는 방식도 도입될 수 있다. 예컨대 수험생이 '공학 + 창업 + 서울 캠퍼스'에 관심 있다고 하면, 이 조건에 맞는 콘텐츠를 자동 생성하거나 조합하는 것이 가능하다.

CRM + AI: 수험생 여정에 따라 다른 메시지 설계

입시는 수험생 입장에서 여러 단계를 거치는 여정이다.

대학 인식, 관심, 정보 수집, 원서 작성 등 각 단계마다 필요한 메시지가 다르다. 예를 들어, 대학 입학 홍보에서도 마케팅 퍼널 개념을 적용하여, 수험생의 관심을 유도하고, 정보를 제공하며, 최종적으로 지원으로 이어지도록 하는 전략을 수립할 수 있다(238LAB, 2024).

AI 기반 CRM 시스템은 수험생이 어느 단계에 있는지 파악해 단계별 맞춤 콘텐츠를 제공한다. 예를 들어, 탐색 단계엔 '대학 소개 영상'을, 지원 단계엔 '서류 제출 체크리스트'를 보내는 식이다. 이런 맞춤형 소통은 정보 전달력을 높이고 지원 의욕을 강화한다.

글로벌 CRM 솔루션인 허브스팟(HubSpot)은 AI 기반 자동화 기능을 통해 대학이 수험생 행동을 실시간 분석하고, 적시에 맞춤형 메시지를 다양한 채널로 자동 발송할 수 있도록 돕는다(HubSpot, 2025).

서류 누락 알림, 프로그램 추천, 마감일 안내 등이 이메일, 문자, 푸시 알림으로 전송돼 지원과 등록률 향상에 기여한다. 또한 CRM은 반복 업무를 줄여 입학 담당자가 고부가가치 상담에 집중하도록 지원한다.

윤리적 고려: AI 개인화의 한계와 책임

AI를 활용한 개인화에는 분명한 윤리적 고민이 따라야

한다. 특히 민감한 개인정보를 다루는 입시 커뮤니케이션에서는 더 그렇다. 예컨대 수험생의 관심사가 특정 지역, 성별, 성향과 연결될 경우 무분별한 타기팅은 오히려 불쾌감을 줄 수 있다(행정안전부, 2023).

따라서 대학은 다음과 같은 원칙을 지켜야 한다.

① 투명성: 데이터를 어떻게 수집 · 활용하는지 수험생에게 명확히 고지.

② 선택권 제공: 콘텐츠 추천을 거부하거나 조절할 수 있는 옵션 제공.

③ 비차별성 유지: 추천 시스템이 특정 집단을 차별하지 않도록 설계.

윤리 없는 AI 기술은 브랜드 신뢰를 훼손한다. 신뢰는 대학의 가장 중요한 자산이며, AI 시대에도 변함없는 원칙이다.

인간 중심의 AI 입학 커뮤니케이션

AI는 수험생과 대학 사이의 장벽을 낮추는 유용한 도구다. 감정을 읽고 관계를 맺는 주체는 여전히 인간이며, AI는 감성적 소통을 흉내 낼 뿐이다. 결국 AI도 '도구'일

뿐이며, 어떻게 활용할지는 인간의 선택에 달려 있다(조선일보, 2025.8.21). 상담자의 공감, 교수의 한마디, 선배의 응원처럼 인간이 주는 메시지는 AI가 대신할 수 없다. 홍보팀과 입학처는 AI가 만드는 자동화된 시스템 위에 '공감의 디테일'을 더해야 한다. 정보는 AI가 제공하지만, 관계는 사람이 만든다. 이것이 기술 시대에 더욱 강조되는 커뮤니케이션의 본질이다.

기술을 넘어, 맞춤 소통으로

AI는 단순한 자동화 도구를 넘어, 수험생 맞춤형 경험을 제공하는 전략적 무기가 되었다. 챗봇, 추천 시스템, CRM을 활용한 정교한 소통은 단순 정보 전달을 넘어 신뢰와 관계 형성으로 이어진다.

그러나 가장 중요한 것은 기술 자체가 아니라, 그것을 수험생 입장에서 섬세하고 윤리적으로 활용하는 태도다. AI 기반 입시 마케팅의 본질은 '사람을 더 잘 이해하기 위한 기술'에 있다.

개인 맞춤형 입시 마케팅으로 잠재 구성원과의 연결을 강화했다면, 이제는 대학 내부 교직원과 동문과의 소통도 중요하다.

참고문헌

김도환(2025). “국내 주요 대학의 AI 도입 사례 분석집”. 브런치. https://brunch.co.kr/@brunchk1wj/289

매일경제(2024.8.23). 김영일교육컨설팅, AI 기반 맞춤형 학생부종합전형 지원서비스 출시. https://www.mk.co.kr/news/economy/11100097

머니투데이(2025.3.4). “솔트웨어, 연성대학교 입시 상담 챗봇 ‘GemAI’ 구축”. https://news.mt.co.kr/mtview.php?no=2025022812312124699&type=1

조선일보(2025. 8. 21). “AI도 결국 ‘도구’일 뿐...어떻게 쓸지는 결국 인간의 선택에 달려”. https://www.chosun.com/economy/weeklybiz/2025/08/21/5ZMYMAHHYBFE5ESDOWSS4AXSUM/

행정안전부(2025). 생성형 AI 발전에 따른 지방공공기관의 디지털 윤리 역량 강화. KLID 디지털 이슈리포트 23-7호. https://www.erc.re.kr/webzine/vol49/19.jsp

238LAB(2024). 마케팅 퍼널 개념부터 실무 완전정복. 238LAB 블로그. https://238lab.kr/blog-marketing-funnel

HubSpot(2025). 4 best CRMs for higher education in 2025. HubSpot Blog. https://blog.hubspot.com/marketing/best-crm-for-higher-education

06

대학 교직원, 동문과 연결하는 내부 소통 전략

대학의 브랜드 가치는 외부에만 의존하지 않는다. 오히려 교직원, 동문, 재학생 등 내부 구성원이 대학에 대해 갖는 인식과 애정이 그 출발점이다. 교직원이 대학을 자랑스럽게 여기고, 동문이 꾸준히 소식을 팔로우하며, 재학생이 캠퍼스를 긍정적으로 기억할 때, 이들의 말 한마디는 어떤 광고보다도 강력한 설득력을 갖는다.

AI와 민주주의?

대학 내부 커뮤니케이션은 대외 홍보에 비해 종종 후순위로 밀리기 쉽다. 공문과 알림 메시지 중심의 전달식 소통, 정형화된 동문 소식지, 일방적인 회람 방식은 구성원의 피로도만 높인다. 정보가 넘쳐 나는 오늘날, 내부 구성원에게도 '필요한 정보만, 적시에, 맞춤형으로' 전달하는 방식이 필요하다. 생성형 AI와 디지털 자동화 기술은 이러한 비효율성을 해소할 강력한 열쇠가 될 수 있다. 실제로 국내 대학들은 AI 챗봇을 도입하여 학생들의 학사 상담을 개선하고 교직원의 행정 업무 효율성을 높이는 성과를 내고 있으며(조선일보, 2025.3.25), 전 구성원을 대상으로 AI 서비스를 전면 도입하여 내부 디지털 혁신의 기반을 다지는 사례도 확산되는 추세다(전국매일신문, 2025.9.1). AI는 단순 행정 전달이 아닌, 개인화된 정보 지원 시스템으로서 내부 소통의 질을 혁신하고 있다.

AI 기반 '스마트 내부 커뮤니케이션' 도입

AI는 교직원 대상 커뮤니케이션을 훨씬 더 스마트하게 바꾼다. 예를 들어, GPT 기반 이메일 뉴스레터는 부서별, 직책별로 필요한 정보만 선별해 전달할 수 있다. 일반 행정직원에게는 실무 공지를, 교수진에게는 연구 지원 사업 소식을 각각 맞춤 제공한다.

또한 긴 회의록이나 행정 문서를 요약해 핵심만 전달하는 기능도 업무 효율성을 크게 높인다. 더 나아가, 공문 작성이나 주간 업무보고, 회의 개요 등 반복되는 문서 작업도 AI가 자동화할 수 있다(한국딥러닝, 2025). 실무자는 키워드만 입력하면 GPT가 초안을 만들어 주어, 더 전략적인 업무에 집중할 수 있게 된다.

챗봇과 업무 지원 AI로 교직원 행정 효율성 향상

대학의 내부 행정은 다양한 문의와 반복 작업이 동반된다. "출장 신청은 어디서 하나요?", "교내 연구비 규정이 어디에 있나요?", "강의평가는 언제 하나요?" 같은 질문들이 매 학기 반복된다. AI 챗봇은 이러한 내부 문의를 실시간으로 처리하는 자동 응답 창구로서 큰 역할을 한다.

예컨대 '○○대학 내부봇'은 교직원이 사용하는 그룹웨어, 메일, 인트라넷에 연동돼 실시간으로 답변을 제공한다. 사용자 로그와 검색 데이터를 기반으로 질문 유형을 분류하고, 응답 정확도를 지속적으로 개선하는 것도 가능하다.

국내 사례로 사이버한국외국어대학교는 AI 기반 학사·입시 챗봇을 도입했다. 이 챗봇은 학사 일정, 입학 절차, 등록, 수업 관련 문의에 24시간 실시간으로 답변하며, 기존 수작업 응대 업무를 줄여 행정 효율성을 높인다. 특히 다국어 대응 기능을 갖춰 외국어대학교 특성에 맞춘 맞춤형 서비스를 제공하며, 교직원의 반복적인 문의 대응 부담을 줄여 전략적 업무에 집중할 수 있도록 돕는다(전자신문, 2025.3.6).

해외 사례로 미국 미시간대학교는 'U-M GPT'와 'U-M Maizey' AI 도구를 운영한다. 이 도구들은 학생, 교수진, 교직원 등 캠퍼스 구성원에게 학사 상담, 도서 추천, 학생 단체 탐색 등 다양한 행정·학습 지원을 제공하며, 내부 행정의 디지털 전환과 업무 효율화를 성공적으로 이끈다(EDUCAUSE Review, 2024.2.7).

GPT 기반 챗봇은 기존 키워드 매칭형보다 뛰어난 자연어 이해 능력으로 복잡하거나 구체적인 질문도 유연하게 처리하며, 도메인 지식을 충분히 학습하면 내부 직원의 '디지털 비서' 역할로 발전할 수 있다.

동문 커뮤니티 재활성화를 위한 AI 전략

동문은 대학의 오랜 자산이자, 잠재적인 후원자이자, 강력한 홍보 파트너다. 그러나 졸업 이후 대학과의 연결고리가 약해지는 것은 많은 대학이 겪는 공통된 고민이다.

이를 해결하는 데도 AI가 활용될 수 있다.

첫째, 동문 개개인의 전공, 활동 이력, 직업군에 따라 맞춤형 소식을 추천하는 시스템이 가능하다. 예를 들어, 공대 출신 동문에게는 최신 기술 세미나 초청, 사회과학계 동문에게는 커리어 특강 정보 등 관심 기반 콘텐츠를 자동 제공하는 방식이다.

둘째, 뉴스레터를 AI 기반으로 재구성하면 수신자의 관심 분야별로 자동 큐레이션된 메일이 발송될 수 있다. 단순히 소식지를 뿌리는 것이 아니라 동문 개개인이 '나를 위한 소식'을 받는 경험을 만들 수 있다.

해외 사례로 보이시 주립대학교(Boise State University)는 AI 기반 개인화 마케팅 플랫폼 'Gravyty'를 도입해 동문 참여와 기부 활성화에 큰 성과를 냈다. 동문 데이터 분석과 AI 예측 도구를 통해 기부 가능성이 높은 잠재 기부자를 우선 선별하고, 이를 대상으로 3개월 만에 약 11만8천 달러 이상의 기부금을 모았다. 이 기간 동안 4,500건의 개인화된 이메일을 발송하여 동문 각각의 관심사와 참여 이력을 반영한 맞춤형 소통을 가능하게 했다(O'Neal et al., 2024).

셋째, 동문 관계 분석에도 AI가 유용하다. 교내 행사, 기부 이력, 설문 참여 등을 종합해 동문 네트워크의 관심

분포와 참여 가능성을 예측할 수 있다. 이를 통해 관계 중심의 커뮤니케이션 전략을 정교화할 수 있다.

교직원·동문 피드백 자동 수집과 분석

AI는 내부 구성원의 생각과 감정을 파악하는 도구로도 활용될 수 있다. 실제로 대화형 AI는 감정 분석 기능을 강조하며 이용자의 감정 데이터를 읽어 내는 방향으로 발전하고 있다는 점이 언론을 통해 지적된 바 있다(뉴스토마토, 2025.7.23). 이러한 흐름을 참고하면, 대학에서도 교직원 만족도 조사나 워크숍 피드백 수집 시 AI 분석을 적용해 단순 점수 이상의 정서적 경향과 주요 의견 유형을 도출할 수 있다.

또한 온라인 설문지에 응답한 내용을 요약해 AI가 인사이트를 정리해 주면, 실무자는 보다 빠르게 조직 개선에 활용할 수 있다. 반복되는 부정 키워드(예: '소통 부족', '행정 절차 불편')는 시각화하여 보고서로도 활용 가능하다.

이러한 시스템은 동문 대상 행사 피드백에도 유용하다. 만족도 외에 텍스트 응답을 분석하여 다음 행사 기획 시 참고할 수 있는 정성적 데이터를 확보할 수 있다.

AI 시대, 내부 연결이 곧 대학의 경쟁력

AI가 대학 홍보의 외부 지형을 바꾸는 시대, 진짜 경쟁력은 내부 구성원의 공감과 결속에서 시작된다. 교직원, 동문, 재학생이 대학에 대해 품는 애정은 그 어떤 광고보다 강한 설득력을 지닌다. 정보가 과잉된 시대에는 내부 구성원에게도 '필요한 정보를, 적시에, 맞춤형으로' 전달하는 전략이 필요하다.

생성형 AI와 디지털 자동화 기술은 내부 소통 과제를 해결할 중요한 열쇠다. 실제로 주간 소식 요약, 반복 문의 대응, 동문 맞춤형 콘텐츠 제공 등은 AI가 잘할 수 있는 영역이다. 그러나 일부 언론에서 지적하듯이 AI 시스템은 효율성을 높이는 강력한 도구이지만, 동시에 '감정이 결여된 소통을 표준화할 위험'도 안고 있다(매일경제, 2025.2.9). 결국 AI의 성패는 사람의 전략적 사고와 따뜻한 마음이 더해질 때 비로소 완성된다. 이처럼 AI는 자동화 도구이자 관계를 연결하는 매개체로 기능할 수 있다.

미래 대학은 AI가 정보의 속도와 정확도를 담당하고, 인간은 공감과 창의성으로 관계의 깊이를 더하는 하이브리드 소통 생태계로 진화하게 된다. 이 구조 안에서 대학은 구성원의 목소리를 민감하게 감지하고 자발적 참여를 유도할 수 있다.

결국, 내부 소통의 품질이 대학 브랜드의 품격을 결정한다. 내부가 단단하게 연결된 대학만이 외부 변화에 흔들리지 않고 지속 가능한 경쟁력을 구축할 수 있다. AI는 이를 가능하게 만드는 조력자이며 그 중심에는 언제나 '사람'이 있어야 한다.

참고문헌

뉴스토마토(2025.7.23). 'AI 챗봇, 감정 교류 수요로 급성장…개인정보 위험도 부각'. https://www.newstomato.com/readnews.aspx?no=1269385

매일경제(2025.2.9). 'AI 효율성만 좇다간 … 조직내 '인간적 소통' 사라질 위기'. https://www.mk.co.kr/news/business/11322892

전국매일신문(2025.9.1). 계명대, 전교생·교직원 대상 AI 서비스 전면 도입. https://www.jeonmae.co.kr/news/articleView.html?idxno=1180559

전자신문(2025.3.6). '클루커스, 사이버한국외대에 AI 튜터·챗봇 구축'. https://www.etnews.com/20250306000413

조선일보(2025.3.25). 학생 상담 개선·교직원 업무 효율성 '맞춤 챗봇 서비스'로 효과 톡톡. https://www.chosun.com/special/special_section/2025/03/25/ELG7BBS5FJF33CLEDMS4KGI5DA/

한국딥러닝(2025). '민원에 답하는 건 이제 AI, 공공행정에 부는 생성형 AI 혁신의 바람'. 한국딥러닝 블로그.

https://www.koreadeep.com/blog/government-ai-innovation

EDUCAUSE Review(2024.2.7). How (and why) the University of Michigan built its own closed generative AI tools. https://er.educause.edu/articles/2024/2/how-and-why-the-university-of-michigan-built-its-own-closed-generative-ai-tools

O'Neal, J., et al.(2024). "Personalization: University Fundraising." *SMU Data Science Review*, 8(1), Article 3. https://scholar.smu.edu/cgi/viewcontent.cgi?article=1273&context=datasciencereview

07
AI 시대의 위기 대응과 평판 관리 전략

AI는 '위기 대응의 골든타임'을 지키는 강력한 조력자다. 실시간 이슈 탐지, 상황 맞춤형 메시지 작성, 다채널 배포 자동화, 여론 흐름 분석 등 위기 대응의 전 과정을 보조한다. 그러나 기술적 효율성 못지않게 윤리성과 진정성 역시 중요하다. AI를 활용한 위기 대응 및 평판 관리 전략을 구체적으로 살펴본다.

AI와 애니메이션?

'사건은 예고 없이 찾아온다.' 대학 홍보 실무자에게 위기 상황은 늘 긴박하게 찾아온다. 교수나 학생의 일탈, 학사 운영의 실수, 언론의 왜곡 보도, 인권 관련 논란 등은 빠르게 확산되며 대학의 명성과 신뢰를 위협한다. 이때 대학이 얼마나 신속하고 일관되게 대응하느냐에 따라 평판의 회복 여부가 달라진다.

위기 상황에서 대학 홍보팀의 핵심 역할

대학은 공공성을 지닌 기관인 만큼, 위기 상황에서의 책임 있는 커뮤니케이션이 필수적이다. 학생, 학부모, 교수진, 지역사회, 언론 등 다양한 이해 관계자를 상대로 빠르고 신뢰감 있는 정보를 전달해야 한다. 이때 홍보팀의 역할은 단순한 메시지 전달을 넘어, 사태의 성격을 정확히 판단하고 커뮤니케이션 전략의 중심을 잡는 일이다. 위기 상황에 대한 효과적인 대응은 사전의 준비와 구조화된 대응 원칙에 기반해야 한다(정용민, 2024).

특히 디지털 시대의 위기는 SNS와 온라인 커뮤니티에서 먼저 불거지는 경우가 많다. 비판은 감정적으로, 확산은 실시간으로 진행된다. 이러한 흐름에 능동적으로 대응하기 위해 AI의 '감지 · 분석 · 대응' 능력을 전략적으로 활용할 필요가 있다. 빠른 대응과 투명한 커뮤니케이션은 위기 상황 대응의 핵심 요소로 지목된다. 위기관리 전문가들은 대다수 조직이 신속한 대응에 실패하여 위기를 키운다고 지적하며, 한발 늦은 대응은 궁색한 변명처럼 비칠 수 있다고 경고한다(정용민, 2025).

실시간 이슈 모니터링 시스템의 구축

지금까지는 담당자가 직접 포털, SNS, 커뮤니티를 검색해 이상 징후를 파악해야 했다. 하지만 AI 기반의 모니터링 시스템은 다음과 같은 기능을 자동화할 수 있다.

① 키워드 기반 실시간 크롤링: 대학명, 인물명, 특정 사건명 등을 포함한 게시물 자동 수집.
② 감성 분석: 긍 · 부정 언급 비율 및 감정 흐름 분석.
③ 확산 경로 시각화: 최초 게시 시간, 플랫폼, 유입 채널 등 분석.
④ 위험 신호 알림: 부정 키워드 급증 시 담당자에게 알림 전송.

AI 기반 실시간 분석 기능은 대학의 위기 조기 대응 능력을 획기적으로 향상시킬 수 있다.

예를 들어 롯데백화점은 고객의 소리(VOC) 및 온라

인상의 다양한 언급을 AI 기반 빅데이터 시스템으로 실시간 분석해 잠재적 위기 신호를 사전에 감지한다. 이 시스템은 단순 키워드 탐색을 넘어, 고객 감성 분석과 언급 동향을 기반으로 선제적 대응을 가능하게 해 준다(전자신문, 2020.1.9).

이는 대학 또한 학내외 이슈나 루머가 확산되기 전에 AI 모니터링 시스템을 통해 빠르게 인지하고 선제적으로 대응할 수 있음을 시사한다.

또한 넥슨코리아는 게임 산업 특성상 사용자 여론에 민감하게 반응해야 하기 때문에 AI 기반 소셜 리스닝 툴을 활용하여 커뮤니티 및 SNS 상의 사용자 반응과 여론 흐름을 실시간으로 추적한다. 이를 통해 서비스 운영 중 발생할 수 있는 불만이나 잠재적 위기 이슈를 조기에 감지하고, 확산 전에 대응 전략을 마련한다(아시아경제, 2023.5.10).

학내 사안이 외부로 급속히 확산되기 전에 조기 감지하고 진원지별로 대응하기 위해서는, 대학도 민간 기업처럼 AI 기반의 실시간 분석 시스템을 전략적으로 도입할 필요가 있다.

AI로 신속히 작성하는 입장문·공지문·보도자료

위기 발생 시, 신속하면서도 신중한 공식 입장이 필요하다. 그러나 긴급 상황에서는 내부 의견 조율이나 문장 작성에 시간이 지체되기 쉽다. 이때 생성형 AI는 구조화된 메시지 작성의 효율성을 높여 준다.

① 상황 요약 기반 1차 초안 생성: 사건 개요, 대응 조치, 향후 계획 등 포함.

② 대상별 커스터마이징: 학부모, 언론, 재학생 등 대상별로 톤 · 내용 조정.

③ 다양한 언어 버전 자동 생성: 외국인 유학생 또는 해외 협력 기관 대상 문서 작성.

위기 대응에서 사과의 핵심은 타이밍과 진정성이다(김호, 2020). 예를 들어 '교내 모 교수의 부적절 발언 논란'이라는 사건 발생 시, AI는 관련 정보와 정제된 어휘를 바탕으로 설명문, 사과문, 안내문 형식의 다양한 초안을 빠르게 제안할 수 있다. 다만, 생성 결과는 반드시 조직 내부의 윤리 가이드라인에 따라 검토 · 수정해야 하며, 담당 부서에서 최종 확인 후 발행해야 한다.

AI 활용 위기 커뮤니케이션 전략 기획 보조

단순한 대응을 넘어 '위기를 관리하고 평판을 회복하는' 전략 수립에도 AI가 기여할 수 있다. 특히 GPT 모델과 분석 툴을 연계하면 다음과 같은 기획 업무가 가능하다.

① 감정 흐름 분석 기반 메시지 설계: 공감이 필요한 시점, 해명이 필요한 시점 구분.
② 영향력 있는 사용자 · 채널 식별: 온라인 확산의 중심이 되는 커뮤니티, 인플루언서, 게시글 파악.
③ 시나리오별 대응 전략 구성: 침묵, 해명, 사과 중 선택 기준과 시점 조율.
④ 사후 분석 리포트 작성: 대응 후 여론 반응과 회복 속도 분석.

이처럼 위기 상황에 따라 정형화된 전략 대응 시나리오가 필요하며 사전 리허설과 시뮬레이션이 중요하다(매일경제, 2010.4.16). 이러한 전략은 사전에 매뉴얼로 구축하고, AI가 이를 기준으로 상황에 맞춰 실행 플랜을 조정하는 형태로 운영될 수 있다.

채널별 메시지 생성 및 다중 배포 자동화

커뮤니케이션의 성패는 메시지의 '톤과 전달 경로'에 따라 달라진다. AI를 활용하면 다음과 같은 채널별 전략 수립과 메시지 생성이 가능하다.

① 카카오톡 알림톡/문자: 짧고 사실 중심 – 사건 요약+링크 중심 템플릿 자동화.
② 홈페이지 공지: 배경 설명 포함, 문서화된 정식 입장 – GPT 기반 정형 문서 초안 작성.
③ 언론 보도 자료: 객관성 강조, 통계 포함 – 뉴스 기사형 문장 구성 자동화.
④ SNS: 빠른 대응, 공감 중심, 반응 유도 – 이미지 · 댓글형 문구 자동 제안.

플랫폼에 따라 커뮤니케이션의 방식과 반응 속도가 달라지므로, 상황에 맞는 채널 선택이 위기 대응의 성패를 가른다(Fearn-Banks, 2016). 특히 캔바(Canva), 재피어(Zapier), 노션 API(Notion API) 등과 연동하면, 채널별 콘텐츠 생성 및 게시를 자동화할 수 있다. 단, 위기 상황에서 자동화가 무분별하게 사용될 경우 부정적 인상을 줄 수 있으므로 사람의 통제 아래 배포 시점을 결정해야 한다.

AI 기반 위기 커뮤니케이션의 윤리적 고려 사항

AI의 활용이 효과적일수록, 윤리적 고려도 함께 강화되어야 한다. 특히 위기 대응은 대학의 책임성과 진정성이 드러나는 순간이므로 다음 원칙을 반드시 지켜야 한다.

① 사실 기반(Factual Accuracy): 허위 · 과장 정보를 배제하고, 사실 확인이 완료된 내용만 사용.
② 공감의 인간적 요소 유지(Empathy): 정서적 대응은 AI 문구보다 실무자의 감각이 우선.
③ 투명성(Transparency): AI 작성 여부 명시, 무비판적 활용 자제.
④ 책임성과 수정 권한 확보(Accountability): 최종 발표는 사람의 판단력 중심.

브랜드가 신뢰를 얻기 위해서는 '이야기'의 중심에 고객이 있어야 한다(도널드 밀러, 2021). 대학 홍보도 마찬가지다. AI를 활용하더라도 중심에는 사람의 윤리적 판단과 공감 능력이 있어야 한다. AI가 생성한 콘텐츠는 내부 커뮤니케이션 윤리 가이드에 따라 2차 필터링과 검토를 거쳐야 하며, 위기 시 AI가 혼란을 조장하지 않도록 '사람 중심의 판단 기준'을 병행하는 체계가 필요하다.

AI는 도구, 신뢰는 사람이 만든다

AI는 대학의 위기 대응 속도와 품질을 분명히 향상시킨다. 실시간 이슈 감지, 다채널 메시지 작성, 여론 분석 등 기술은 빠르고 정확한 대응을 가능하게 하지만, 평판의 회복은 단지 기술의 문제가 아니다. 사람의 판단력, 윤리의식, 그리고 진정성이 뒷받침될 때 비로소 신뢰를 회복할 수 있다.

브랜드가 신뢰를 얻기 위해서는 '이야기'의 중심에 고객이 있어야 한다(도널드 밀러, 2021)는 말처럼, 대학 위기 커뮤니케이션의 중심에도 기술이 아니라 사람이 있어야 한다. 이는 단순히 감성적인 요구가 아니라 위기 대응의 실질적 효과와도 직결된다. 홍보 실무자는 AI의 편의성을 경계하면서도 그것을 통해 더 깊이 듣고, 더 정교하게 대응할 수 있어야 한다. 위기의 시대에 AI는 대학의 '보조 두뇌'가 될 수 있지만 그 중심은 여전히 사람이어야 한다.

AI를 통한 위기 대응과 평판 관리는 단발성 조치가 아니라, 지속적으로 효과를 측정하고 개선해야 하는 순환 과정이다.

참고문헌

김호·정재승(2011). 《쿨하게 사과하라》. 어크로스.

도널드 밀러(2018). 《무기가 되는 스토리》. 이지연 옮김. 윌북.

매일경제(2010.4.16). '[Cover Story] 이슈 관리 매뉴얼 만들어 볼까요'. https://www.mk.co.kr/news/special-edition/4709371

아시아경제(2023.5.10). '[AI혁명](30) 넥슨, AI 기술 공개로 건전한 게임 생태계 조성'. https://view.asiae.co.kr/news/view.htm?idxno=2023051007542617586

전자신문(2020.1.9). '롯데百, 고객 불만 AI 자동분석…경영 밑거름으로 쓴다'. https://www.etnews.com/20200109000221

정용민(2024.11.27). '위기대응 현장에서 '준비'는 상당히 정치적이다'. 오피니언. 더피알뉴스. https://www.the-pr.co.kr/news/articleView.html?idxno=52450

정용민(2025.7.11). '왜 그 기업은 늘 한 발 늦을까'. 오피니언. 더피알뉴스. https://www.the-pr.co.kr/news/articleView.html?idxno=53700

Coombs, W. T.(2014). *Ongoing Crisis Communication: Planning, Managing, and Responding*. Sage Publications.

Fearn-Banks, K.(2016). *Crisis Communications: A Casebook Approach*. Routledge.

08
데이터 기반 홍보 성과 분석과 개선 전략

생성형 AI와 자동화 도구는 이제 데이터 수집부터 분석, 보고서 작성, 전략 피드백에 이르기까지 전 과정을 지원할 수 있다. 대학 홍보팀이 AI를 활용하여 데이터를 기반으로 성과를 측정하고, 이를 실질적인 전략 개선으로 연결하는 방법을 제시한다.

AI와 인재 채용?

오늘날 대학 홍보는 단순히 '좋은 이미지 만들기'를 넘어, 구체적인 성과를 만들어야 하는 책임 있는 분야가 됐다. 입시 경쟁, 정부 재정 지원 사업, 평판 관리 등 다양한 목표 속에서 홍보는 성과 드라이브 역할을 수행한다. 그러나 감(感)으로 판단하거나 단편적인 반응에만 의존하는 방식은 한계가 있다. AI 기술 발전은 이러한 한계를 극복할 수 있는 강력한 가능성을 제공한다.

AI 기반 홍보 지표 자동 추적·분석

콘텐츠를 올리면 끝나는 시대는 지났다. 현대의 홍보 전략은 콘텐츠가 사용자에게 도달했는지, 어떤 반응을 얻었는지, 실제 행동(클릭, 문의, 지원 등)으로 이어졌는지를 분석하고 개선해야 한다. 특히 유튜브, 인스타그램, 웹사이트 등 다양한 채널이 운영되는 대학 홍보에서는 수십 개 지표를 일일이 수작업으로 분석하는 것은 사실상 불가능하다.

이때 AI와 자동화 도구는 결정적인 해결책이 된다. 재피어(Zapier), 메이크(Make), 구글 애널리틱스 4(Google Analytics 4, GA4), 루커 스튜디오(Looker Studio), 노션 API(Notion API), 그리고 GPT 기반 요약 도구를 활용하면 다음과 같은 자동화가 가능하다.

① 콘텐츠 게시 후 주요 반응 지표 자동 수집.

② 주 단위, 월 단위 리포트 자동 요약 생성.

③ 이상치 발생 시 자동 알림 발송.

④ 주요 성과 지표 시각화 및 대시보드 연동.

AI는 수많은 숫자와 텍스트 데이터를 '읽고', '정리하고', '해석'하여 실무자의 결정을 돕는 파트너 역할을 수행할 수 있다.

사례 1: A대학 홍보팀의 자동화 시스템(예시)

A대학 홍보팀은 웹사이트, 블로그, 유튜브, 인스타그램, 보도 자료 배포 시스템을 운영하고 있다. 이들은 재피어를 통해 SNS와 유튜브에서 게시물이 업로드될 때마다 관련 데이터를 구글 시트로 자동 수집되도록 설정했다. 매주 월요일 아침이면 팀 내부 공유 폴더에 전주 데이터가 자동 정리되어 있다. 이 데이터를 기반으로 분석 요약을 작성하면 10분 만에 성과 리포트 초안이 완성된다(이 사례는 이해를 돕기 위한 가상의 시나리오다).

사례 2: 넷플릭스(Netflix)의 콘텐츠 성과 분석 및 추천 시스템

넷플릭스는 AI를 활용해 사용자 시청 기록, 검색 패턴,

콘텐츠 반응 등을 심층적으로 분석하고, 이를 기반으로 개인 맞춤형 추천과 새로운 콘텐츠 제작 전략을 수립한다. 이 통합 데이터 분석은 홍보 전략에도 직접 반영되어 더욱 효과적인 캠페인 설계가 가능하다(Netflix Tech Blog, 2025).

사례 3: LG유플러스의 AI 마케팅 통합 대시보드

LG유플러스는 AI 기반 통합 대시보드를 통해 온라인·오프라인 광고 데이터를 실시간 모니터링하고, AI가 이상 징후를 자동 감지해 즉시 알림을 전송함으로써 마케팅 효율성을 극대화하고 있다(아시아투데이, 2025.8.26).

이러한 자동화 시스템은 대학 홍보팀이 데이터를 효율적으로 관리하고 즉각 대응하는 데도 좋은 모델이 된다.

AI 자동화로 분석 가능한 주요 콘텐츠 성과 지표 유형

① SNS 콘텐츠: 좋아요 수, 댓글 수, 공유 수, 도달률, 클릭률, 감성 분석.
② 블로그/뉴스룸: 방문자 수, 체류 시간, 이탈률, 검색어 유입.

③ 유튜브/영상: 조회 수, 시청 지속 시간, 구독자 전환율, 시청자 연령/지역.

④ 웹사이트/랜딩페이지: 방문 경로, CTA 클릭률, 폼 제출률, 반복 방문율.

⑤ 보도 자료: 보도 건수, 매체 종류, 언론 평판, 외부 링크 유입 수.

AI는 이 모든 데이터를 사람이 손으로 모으지 않아도 되도록 자동화할 수 있다. 중요한 것은 데이터를 해석하고 전략을 도출하는 홍보팀의 '질문' 능력이다. 어떤 지표가 우리 대학의 브랜드 인식 제고에 중요한가? 어떤 플랫폼이 학과 홍보에 효과적인가? 이러한 결정은 결국 사람의 몫이다.

데이터·AI 기반 KPI 지표 설계

모든 데이터는 '목표'가 있어야 의미를 가진다. 단순히 조회 수가 많다고 해서 홍보가 성공했다고 단정할 수 없다. 대학 홍보에서 KPI(핵심성과지표)는 대학의 전략과 연결되어야 한다(킨다그로스, 2025.5.29). 예를 들어 입학 지원율 향상이 목표라면, 캠페인 이후 랜딩페이지의 방문자 수와 지원서 다운로드 수가 더 중요하다. 다음은 실제 대학 홍보에 적용 가능한 KPI 유형이다.

대학 홍보 KPI 유형별 예시

① 인지도 향상형 KPI: 캠페인 도달자 수, 브랜드 검색량, 영상 조회 수.
② 참여 유도형 KPI: 이벤트 참여자 수, 댓글/공유율, 구독자 증가율.
③ 전환 중심형 KPI: 입학 정보 페이지 클릭 수, 문의 폼 제출 수, 수시 지원 비율.
④ 평판 관리형 KPI: 부정 키워드 노출 감소율, 언론 보도 호의도 점수.

홍보팀은 '전체 KPI'와 '캠페인별 KPI'를 구분하여 관리해야 한다. 특히 생성형 AI를 통해 KPI 달성도를 주기적으로 측정하고 이상치를 자동 감지하게 설정하면 반복적인 보고서를 줄일 수 있다(Platum, 2024.9.25).

AI로 완성하는 실용적 성과 보고서

성과 분석에서 가장 중요한 것은 그것을 '전달하는 방식'이다. AI는 수많은 데이터를 바탕으로 단순한 수치 나열을 넘어, 경영진이나 관련 부서가 이해할 수 있도록 요약하고 서사화하는 데 도움을 준다(디지털 인사이트, 2025.3.6).

GPT를 활용한 성과 보고서 작성 프로세스 예시

① Google Sheet에 KPI 데이터 정리.

② GPT에게 문장 요청 프롬프트 작성.

③ 자동 요약 및 개선 방안 초안 수신.

④ 최종 다듬고 시각 자료 삽입.

⑤ PDF 변환 후 회의 제출.

이 프로세스는 시간을 절약하고 보고서 작성의 품질을 일정하게 유지하게 한다. 매주 또는 매월 반복되는 보고 업무에 매우 적합하다.

사례: B대학 홍보실의 AI 성과 보고서 활용법

B대학교는 매월 홍보 성과를 총장 직속 회의에 보고한다. 이전까지는 각 부서 담당자가 데이터 취합 후 리포트를 직접 작성하느라 1~2일이 걸렸지만 지금은 데이터 시트를 GPT에 업로드한 뒤 '대학 전체 홍보 성과를 요약

하고 문제점 3가지와 개선 제안 3가지를 정리해 줘'라고 입력하면 약 10분 만에 초안이 나온다. 이후 담당자가 표현을 다듬고 시각 자료를 추가해 1시간 내 완성한다.

AI와 데이터 피드백 루프가 만드는 홍보의 미래

AI 분석의 진정한 가치는 '다음에 무엇을 할 것인가'를 제안해 주는 데 있다. 성과를 보고만 하고 끝나는 홍보는 더 이상 의미 없다. 데이터는 곧 전략으로 이어져야 하며, AI는 이런 전략 추천에도 활용될 수 있다(김지현, 2025.7.30). 예를 들어, 이전 캠페인의 도달률이 낮았다면 AI는 다음과 같은 전략을 제안할 수 있다.

① 콘텐츠 길이를 30초 이하로 줄이기.
② 썸네일에 감정적 키워드 삽입.
③ 가장 많이 공유된 콘텐츠 패턴 모방하기.
④ 인플루언서 활용한 콘텐츠 제작 제안.

이러한 분석과 개선이 반복되면 대학 홍보는 자연스럽게 '성과 기반의 전략 루틴'을 갖추게 된다(Chaffey & Ellis-Chadwick, 2019). AI는 이 루틴을 효율적으로 관리하며 지속적인 개선을 가능하게 해 주는 동반자다.

해외 사례: 스타벅스의 개인화 추천 시스템과 피드백 루프

스타벅스는 모바일 앱을 통해 고객 구매 이력, 선호도, 주문 패턴을 AI로 분석해 개인 맞춤 음료 추천과 프로모션을 제공한다. 고객 반응(클릭, 구매 여부)을 다시 학습 데이터로 활용해 추천 알고리즘을 지속 개선하는 피드백 루프를 운영한다. 이 사례는 홍보 캠페인에서도 AI가 과거 데이터를 학습해 다음 콘텐츠 전략을 제안하고, 효과를 분석해 다시 개선하는 순환 체계가 가능함을 보여준다(전자신문, 2018.3.11).

AI로 성과 측정하는 대학 홍보

AI는 단순한 자동화 도구를 넘어, 데이터 기반의 전략적 사고를 가능하게 하는 실질적 파트너다. 홍보 성과를 수치화하고 그 의미를 해석하며, 이를 다음 캠페인의 실행으로 연결하는 과정에서 AI는 반복성과 효율성을 극대화한다. 하지만 그 중심에는 여전히 문제를 정의하고 방향을 설정하는 사람의 판단이 필요하다. AI는 도구이고, 전략은 결국 사람의 몫이기 때문이다.

참고문헌

김지현(2025.07.30.). '데이터 중심 시대: 빅데이터 분석의 비즈니스 혁신 사례'. 인사이트 리포트, SAMSUNG SDS.
https://www.samsungsds.com/kr/insights/data-driven-era-big-data-analytics.html

디지털 인사이트(2025.3.6). 'AI 마케팅의 연도별 고도화, 2025년 전략은?'.
https://ditoday.com/ai-%EB%A7%88%EC%BC%80%ED%8C%85%EC%9D%98-%EC%97%B0%EB%8F%84%EB%B3%84-%EA%B3%A0%EB%8F%84%ED%99%94-2025%EB%85%84-%EC%A0%84%EB%9E%B5%EC%9D%80/

아시아투데이(2025.8.26). 'LGU+, AI로 IPTV 고장 사전 감지·해결한다'.
https://www.asiatoday.co.kr/kn/view.php?key=20250826010012534

전자신문(2018.3.11). '스타벅스, 빅데이터 활용 개인별 맞춤 추천 서비스 인기'.
https://www.etnews.com/20180311000011

킨다그로스(2025.5.29). '퍼포먼스 마케팅 성과 지표(KPI) 설정하는 방법'. 킨다그로스 마케팅 칼럼.
https://kindagrowth.com/column/?bmode=view&idx=164618847

Chaffey, D. & Ellis-Chadwick, F.(2019). *Digital Marketing(7th ed.)*. Pearson Education.

Netflix Tech Blog(2025). Foundation Model for Personalized Recommendation.
https://netflixtechblog.com/foundation-model-for-personalized-recommendation-1a0bd8e02d39

Platum(2024.9.25). '생성형 AI, 기업 성과 창출 도구로 부상… 성과 평가 측정 기준 마련 필수'.
https://platum.kr/archives/235113

09
홍보팀을 위한 생성형 AI 실전 활용법

홍보팀의 일상은 다면적이고 복합적이다. 콘텐츠 기획부터 보도 자료 작성, 영상 제작, SNS 운영, 유관 부서와의 협업에 이르기까지 다양한 업무가 얽혀 있다. 특히 빠른 생산성과 높은 품질을 동시에 요구받는 오늘날, 기존의 인력과 방식만으로는 이 모든 과제를 감당하기 어렵다. 대학 홍보팀이 현장에서 바로 사용할 수 있는 생성형 AI 도구와 적용법, 그리고 운영 노하우를 구체적으로 살펴본다.

AI와 기자?

홍보팀의 일상은 콘텐츠 기획, 보도 자료 작성, 영상 제작, SNS 운영, 유관 부서 협업 등 여러 과제가 얽혀 있다. 빠른 생산성과 높은 품질을 동시에 요구받는 환경에서 기존 인력과 방식만으로 이를 감당하기는 어렵다.

생성형 AI는 이제 단순 보조 수단을 넘어 홍보 실무 프로세스 전반을 혁신하는 동반자로 자리 잡고 있다. 그러나 수많은 AI 도구와 기술이 쏟아지는 시대, 필요한 것은 '무작정 사용'이 아니라 목적에 맞춘 전략적 활용이다. 이 장에서는 홍보팀이 AI를 효과적으로 쓰기 위해 필요한 핵심 역량과 도구, 그리고 실전 적용법을 정리한다.

홍보 실무자가 갖추어야 할 AI 활용 역량

생성형 AI를 활용한 실무 혁신의 전제는 관련 리터러시의 확보다.

대학 홍보 실무자가 갖춰야 할 첫째 역량은 최신 AI 도구를 빠르게 탐색하고, 각 도구의 기능과 장단점을 파악한 뒤 자신의 업무에 적합한 것을 적용할 수 있는 능력이다. 즉, 정보 감수성과 실험 정신이 요구된다.

둘째는 프롬프트를 설계하는 능력이다. 단순한 명령이 아니라 목적, 형식, 대상, 감성 톤까지 고려한 정교한 지시어를 구성해야 원하는 결과물을 얻을 수 있다(나무를심는사람, 2025.6.1). 또한 결과물의 반복 생성과 수정 요청도 능숙하게 다뤄야 한다. AI가 아무리 정교해도 완벽하지 않기에, 반드시 사람이 검토하고 보완하는 과정이 필수적이다.

여기서 해외 대학의 AI 활용 사례가 시사점을 준다. 미국 조지아텍(Georgia Institute of Technology)은 2016년부터 온라인 컴퓨터 과학 석사 과정에서 '질 왓슨(Jill Watson)'이라는 AI 챗봇을 조교로 도입했다. 이 챗봇은 학생들의 질문에 실시간 답변하고 토론을 지원했으며 너무나 자연스러워 학생들조차 AI임을 인지하지 못할 정도였다. 그러나 챗봇의 답변 품질을 꾸준히 점검하고, 오류나 오해 소지가 있는 답변에 즉각 대응하는 조교와 교수진의 적극적 관리가 병행되었다. 이 사례는 AI 도구의 활용에서 단순 자동화를 넘어, 결과물의 품질 평가와 책임 있는 관리가 AI 리터러시의 핵심임을 보여 준다(Georgia Tech, 2025.9.19).

셋째는 복수의 도구를 목적에 따라 유기적으로 연계하는 능력이다. 예컨대 텍스트 기획에는 챗GPT를 활용하고, 그 결과를 바탕으로 캔바(Canva)에서 시각 콘텐츠를 제작하며, 노션(Notion)을 통해 팀원과 작업 일정을 공유하는 식의 워크플로를 구성하는 역량이다.

넷째는 AI의 윤리적 활용을 이해하고 실천하는 자세다. 생성형 콘텐츠는 저작권 침해, 개인정보 노출, 편향적 표현 등의 위험을 동반한다(OECD, 2023). 대학이라는 공공성과 신뢰를 중시하는 기관 특성상, 실무자는 이런 문제를 사전에 인지하고 예방할 수 있어야 한다.

마지막으로, AI가 생산한 콘텐츠의 효과를 분석하고 전략 개선에 반영하는 능력이 중요하다. 단순 제작이 아니라 도달률, 조회 수, 반응 등 성과를 정량·정성적으로 평가하며 홍보 방향을 정비하는 감각이 요구된다.

홍보팀 실무에 적합한 AI 도구 유형과 특성

홍보팀에서 활용할 수 있는 AI 도구는 기능별로 다양하다. 먼저 텍스트 기반 도구는 콘텐츠 기획, 문서 초안 작성, 공지문 작성 등에서 유용하다. 챗GPT는 논리적 흐름을 제시하며 초안을 빠르게 정리할 수 있고, 클로드(Claude)는 인문사회 주제에 강점을 보이며 긴 문서에 대한 요약과 분석에 적합하다(디지털투데이, 2025.8.12). 퍼플렉시티(Perplexity)는 최신 정보를 검색하고 근거를 명확히 제시하는 데 효과적이다.

이미지 생성 도구의 경우 달리(DALL·E)는 직관적인 이미지 제작과 편집이 가능하고, 미드저니(Midjourney)

는 예술적이고 몰입감 있는 시각 콘텐츠 제작에 적합하다. 캔바(Canva)는 카드뉴스, SNS 게시물, 발표 자료 등 실용적 디자인에 강점을 가지며 사용법도 쉬운 편이다(이니쎈 블로그, 2025.3.22).

영상 콘텐츠 제작을 위한 도구로는 런웨이(Runway)와 픽토리(Pictory)가 대표적이다. 이들은 기존 영상 클립을 요약하거나 새로운 영상을 자동 생성하는 데 강점을 가지며, 복잡한 편집 기술 없이도 숏폼 콘텐츠를 만들 수 있게 도와준다.

또한 프레젠테이션 제작 도구인 감마(Gamma), 톰(Tome) 등은 짧은 시간 안에 구조적인 발표 자료를 구성할 수 있도록 지원하며, 팀 단위 협업 기능도 포함되어 있어 회의용 자료 작성에 유용하다. 또한 한국 스타트업이 개발한 뤼튼(wrtn)은 마케팅 카피, 블로그 글, 이메일, 보고서, SNS 게시물 등 다양한 콘텐츠 제작에 특화되어 있다. 지금 이 순간에도 생성형 AI 툴과 AI 운영체계는 무수히 탄생하고, 빠른 속도로 진화하며, 또 소멸하고 있다.

홍보팀의 무료·유료 AI 도구 선택 전략

도구의 선택에서는 '무료냐 유료냐'보다 '목적에 맞는가'

가 중요하다. 무료 도구는 접근성과 학습 비용이 낮아 초안 작성이나 아이디어 수집, 내부 회의 자료 작성 등 가벼운 작업에 적합하다. 특히 도구의 기능을 실험해 보고 학습하는 데 효과적이다.

반면 고품질의 이미지나 영상 제작, 공식 배포를 위한 콘텐츠, 혹은 보안이 중요한 협업 환경에서는 유료 도구가 필요하다. 유료 도구는 기능이 안정적이고 고성능이며, 일부는 대학 기관용 팀 요금제를 지원해 예산 범위 내에서 합리적으로 운영할 수 있다(본헤럴드, 2025.8.19).

따라서 도입 초기에는 무료 도구로 시작해 업무 전반에 걸친 적합도를 확인한 뒤, 핵심 도구에 대해서는 유료 전환을 검토하는 방식이 현실적이다. 이때, 도구의 지속 사용 가능성, 팀원 간 계정 공유 여부, 보안 정책 등을 종합적으로 고려해야 한다.

홍보팀 연간 전략 수립을 위한 AI 도구 연계 활용

생성형 AI는 각 도구를 단독으로 사용하는 것보다, 업무 흐름에 맞춰 유기적으로 연결할 때 그 효과가 배가된다. 대학 홍보팀이 연간 기념일, 학사 일정, 캠페인 주제 등을 기준으로 콘텐츠를 기획할 경우, 먼저 챗GPT나 클로드를 활용해 타깃별 콘텐츠 방향과 메시지를 도출할 수 있다.

기획이 완료되면 노션 AI를 통해 일정을 정리하고 팀원과 공유하며, 작업 현황을 수시로 업데이트할 수 있다. 시각화가 필요한 단계에서는 캔바의 AI 디자인 기능을 활용해 포스터나 카드뉴스 시안을 제작하고, 필요한 경우 미드저니에서 배경 이미지를 제작하거나 달리를 통해 디테일한 시각 요소를 완성한다.

이후 영상 콘텐츠가 필요한 경우, 런웨이나 픽토리를 이용해 텍스트 기반 영상 클립을 제작하거나 기존 영상을 재편집한다. 마지막으로 SNS 게시물 배포는 재피어나 버퍼와 같은 자동화 도구를 활용하여 일정에 맞춰 자동 등록할 수 있다.

이러한 과정은 기획-제작-검토-배포까지 이어지는 전 주기를 하나의 유기적인 프로세스로 전환함으로써 업무 효율성과 퀄리티를 동시에 확보할 수 있게 한다.

홍보팀의 생성형 AI 도입 시 유의할 점

실무 적용에서 가장 중요한 점은 AI가 인간의 판단과 감성을 완전히 대체할 수 없다는 인식이다. 특히 대학 홍보는 단순 정보 전달이 아니라 공감과 신뢰를 바탕으로 한다. 생성형 AI가 제공하는 결과물은 반드시 사람이 검토하고, 상황과 대상에 맞게 조율되어야 한다.

또한 팀 내에서 어떤 도구를 어떤 목적으로 사용할 것인지, 결과물에 대한 책임은 누구에게 있는지를 명확히 하는 '사용 기준'을 사전에 합의해 두는 것이 필요하다. AI 도구를 맹목적으로 신뢰하거나, 전면적으로 도입하기보다는 우선 한두 개 프로젝트에서 적용해 본 뒤 성과를 공유하며 확산시키는 방식이 바람직하다.

AI는 홍보 실무자의 역할을 대체하는 것이 아니라, 반복적이고 구조화된 업무를 경감시켜 '기획'과 '판단'이라는 본연의 역량에 더 집중할 수 있도록 만들어주는 보조자다(동아일보, 2025.7.4).

미래 홍보 실무의 열쇠, AI의 전략적 활용

생성형 AI는 대학 홍보 실무의 생산성과 창의성을 획기적으로 향상시키는 강력한 도구다. 그러나 AI를 효과적으로 활용하려면 도구별 특성을 이해하고 목적에 맞게 적절히 조합하는 전략적 접근이 필수적이다. 또한 AI의 결과물을 인간의 판단과 감성으로 보완하며 윤리적 책임을 다하는 것이 무엇보다 중요하다. 궁극적으로 AI는 홍보팀의 역량을 확장하는 조력자로서, 이를 이해하고 전략적으로 활용하는 것이 곧, 미래의 홍보 역량으로 이어진다.

생성형 AI 도구와 활용법을 익혀 실무에 적용했다면, 이제는 이를 장기적으로 조직에 뿌리내리고 발전시키는 로드맵이 필요하다. 다음 장에서는 변화하는 기술 환경 속에서도 지속적으로 경쟁력을 유지할 수 있는 '홍보팀 AI 전략 로드맵'을 제시한다.

참고문헌

나무를심는사람(2025.6.1). '프롬프트 엔지니어링이란 무엇인가?'. 창작의 새로운 지평, AI가 온다. 브런치. https://brunch.co.kr/@cartman/130

동아일보(2025.7.4). '[HBR 인사이트]생성형 AI가 직원들을 지루하게 만든다'. https://www.donga.com/news/Opinion/article/all/20250703/131936558/5

디지털 투데이(2025.8.12). '앤트로픽, 챗GPT 따라잡기…클로드에 대화 기억 기능 추가'. https://www.digitaltoday.co.kr/news/articleView.html?idxno=584627

본헤럴드(2025.8.19). 'AI 도구의 가격 격차가 부른 창작 불평등, 그리고 그 너머'. https://www.bonhd.net/news/articleView.html?idxno=17293

이니셴 블로그(2025.3.22). '2025년 최고의 AI 이미지 생성 앱 5개

사용법과 비교 분석'. 티스토리.
https://inissen.tistory.com/entry/2025%EB%85%84-%EC%B5%9C%EA%B3%A0%EC%9D%98-AI-%EC%9D%B4%EB%AF%B8%EC%A7%80-%EC%83%9D%EC%84%B1-%EC%95%B1-5%EA%B0%9C-%EC%82%AC%EC%9A%A9%EB%B2%95%EA%B3%BC-%EB%B9%84%EA%B5%90-%EB%B6%84%EC%84%9D

Georgia Tech(2025.9.19). 'Georgia Tech's Jill Watson Outperforms ChatGPT in Real Classrooms'. https://www.cc.gatech.edu/news/georgia-techs-jill-watson-outperforms-chatgpt-real-classrooms

OECD(2023). 'Enhancing AI Responsibility: Risk Management and Control Across the Entire AI Lifecycle'. OECD Publishing. https://nsp.nanet.go.kr/nsp-data/summary/20231020/NONB22023000000898.pdf

10

지속 가능한 홍보팀을 위한 AI 전략 로드맵

국내에는 AI를 본격적으로 적용하고 있는 대학 사례가 드물다. 해외 혁신 사례를 중심으로 홍보팀의 조직 구조와 실무 방식에 AI를 전략적으로 어떻게 통합할 수 있을지 살펴본다. 지금은 이 혁신 모델이 다소 낯설게 느껴질 수 있지만 머지않아 현실이 될 것이다.

AI와 미래 의사?

"이제 더 이상 예전처럼 일할 수 없습니다." 대학 홍보팀은 이제 콘텐츠 제작자에 머물지 않는다. 전략 기획자이자 기술 사용자로서, 하루에도 수십 건의 요청과 SNS 운영, 영상 편집까지 감당해야 하는 멀티플레이어가 되어가고 있다. 이런 현실에서 AI는 위협이 아니라 반드시 활용해야 할 협업자다.

홍보 실무의 변화와 지속 가능 전략

생성형 AI는 홍보 실무의 속도와 효율성을 높이는 강력한 도구다. 그러나 홍보 콘텐츠는 단순히 텍스트와 이미지의 조합이 아니라, 타깃의 심리와 시점을 고려한 '전달의 예술'이다. AI는 초안을 제공할 수 있으나, 수용자에 맞게 조율하고 전달 방식을 설계하는 역할은 여전히 인간에게 있다.

홍보 실무자는 이제 AI가 만든 초안을 큐레이션하고, 'AI가 만든 것처럼 보이지 않는' 결과물을 만들어 내야 한다. 이를 위해 프롬프트 디자인, 도구 간 연계, 결과물 감수 능력이 필수적이다. 이는 단순 도구 사용을 넘어서 실질적 기획력의 일부다. 이는 단지 '툴을 아는 사람'이 아니라 'AI를 효과적으로 쓰는 사람'이라는 새로운 기준을 만든다. 이제는 AI를 두려워하지 않고 능숙하게 다루는 '홍보맨'만이 살아남는 시대가 오고 있다(TJB, 2025.6.24).

지속 가능한 홍보팀 조직 재설계 방안

지금처럼 빠르게 변하는 AI 시대에는 예전처럼 역할이 고정된 조직으로는 다양한 콘텐츠 요구를 따라가기 어렵다. '디자이너', '카피라이터', '에디터'처럼 정해진 역할 구분에서 벗어나, 하나의 목표를 위해 각자의 능력을 자유롭게 조합하는 프로젝트 중심 구조가 필요하다. 대학 홍보팀은 '입학 홍보 TF', '브랜드 리뉴얼 TF', 'SNS 채널 전략 TF'처럼 문제 해결에 집중하는 태스크포스 체계를 도입해 빠르게 대응할 수 있어야 한다. AI 도구 활용도 기획 단계부터 자연스럽게 녹여야 한다.

앞서 소개했던 영국 임페리얼 칼리지 런던의 사례가 좋은 예다. 이 대학은 2023년부터 디지털, 미디어, 소셜미디어, 디자인 등 6개 팀으로 구성된 홍보 부서를 운영하며, 대학 안팎의 커뮤니케이션을 총괄하고 있다. 데이터 기반 타깃 분석과 맞춤형 메시지 전략으로 효과적인 브랜드 소통에 집중하는데, 이는 단순히 AI 도구를 쓰는 수준이 아니라 홍보 조직의 존재 이유와 역할을 새롭게 정의하고 전략적으로 AI를 내재화한 변화다(Imperial

College London, 2023).

우리나라의 대학 홍보팀도 마찬가지로 AI 활용 역량을 갖춘 전문 인력을 포함해 유연한 다기능 협업 허브 형태로 전환할 필요가 있다. 부서 간 경계를 허물고 프로젝트 중심의 태스크포스를 운영하면 변화하는 환경에 훨씬 빠르게 대응할 수 있다. 이런 방식의 조직 혁신은 AI 기술을 자연스럽게 조직 안에 스며들게 하고, 실무 효율성과 맞춤형 전략 수행 능력을 함께 높이는 튼튼한 기반이 된다.

홍보 실무자 AI 역량 강화와 장기 경쟁력 확보

AI는 '누구나 사용할 수 있지만, 아무나 잘 다룰 수 없는' 도구다. 따라서 홍보팀 구성원들의 역량도 AI 친화적으로 재구성해야 한다. 특히 프롬프트 설계, 결과물 감수와 재작성, 그리고 도구 연계 실무 스킬이 중요하다.

이를 위해서는 단순한 사용법을 가르치는 교육을 넘어서 실무 흐름에 맞춘 종합 실습 프로그램이 필요하다. 예컨대 '보도 자료 초안-카드뉴스 제작-SNS 업로드'까지 하나의 홍보 흐름을 생성형 AI 도구들과 함께 완성해 보는 실습형 교육이 효과적이다.

혁신 사례: 글로벌 PR 에이전시 '에델만(Edelman)'의 AI 교육 및 'AI 리더십 그룹' 운영

에델만은 전 직원 대상의 AI 리터러시 교육을 강화하고 있으며, 교육 내용은 단순한 툴 사용법을 넘어 AI 윤리, 데이터 프라이버시, 프롬프트 엔지니어링, AI 기반 인사이트 분석 등 고차원적 내용을 포함한다. 더불어 사내에 'AI 리더십 그룹'을 별도로 운영하여 조직 전체의 AI 전략을 주도하고, 실제 클라이언트 프로젝트에 AI를 적용하는 파일럿도 실행하고 있다(Feng, 2023).

이처럼 해외 주요 PR 기업과 혁신 조직들은 단순한 도구 활용을 넘어 조직 전반의 구조와 역할, 교육 체계까지 근본적으로 혁신하는 방향을 보여 준다. 우리나라의 대학 홍보팀도 이러한 변화를 수용하여 AI 시대의 홍보 실무 역량 강화와 조직 재설계에 나서야 한다. 이는 선택이 아니라 생존의 필수 조건이며, 이미 우리 앞에 현실로 다가와 있다.

사람-AI-학생의 지속 협력 모델 구축

지속 가능한 홍보 전략은 실무자 혼자만의 숙제가 아니다. 학생, 교수, 외부 전문가 등 다양한 이해 관계자들이

AI와 함께 협업하는 구조가 마련되어야 한다. 예를 들어 학과나 입학처 중심의 챗봇 시스템을 구축하여 반복적인 민원 응대를 자동화하면 홍보팀의 업무 부담이 줄고, 구성원들은 보다 전략적인 콘텐츠 설계에 집중할 수 있다.

아울러 학생 홍보대사와 서포터스에게 카드뉴스 제작 도구와 이미지 생성기 사용법을 교육하고, 이들이 만든 콘텐츠를 대학 공식 채널에 게시하면 참여도와 다양성이 높아질 것이다. AI를 활용한 콘텐츠 공모전이나 크리에이티브 대회도 좋은 협력 전략이다. 이런 공모전은 구성원 전체에게 AI 활용에 대한 동기를 부여하며 동시에 새로운 아이디어를 실험할 수 있는 장이 된다(뉴시스, 2025.7.21).

지속 가능한 AI 자동화와 전략적 선택 기준

AI는 반복적이고 규칙 기반의 업무를 자동화하는 데 강점이 있다. 보도 자료 초안 작성, 이미지 생성, SNS 게시물 예약, 학사일정 알림 등은 비교적 쉽게 자동화할 수 있는 영역이다. 그러나 감성적 표현, 위기 상황의 판단, 관계의 조율, 메시지의 타이밍과 문맥을 설계하는 일은 여전히 사람의 영역이다. 예컨대, 입학 설명회 후 학부모를 위한 감사 메시지를 쓸 때, 정보는 AI가 줄 수 있어도 따뜻한 감동은 사람만이 만들 수 있다.

홍보팀은 업무를 'AI가 맡을 일'과 '사람이 해야 할 일'로 나누어 업무 분장을 설계해야 한다. 예를 들어 카드뉴스 초안은 AI가 만들고, 최종 카피는 사람이 다듬는다. 민감한 민원은 사람이 직접 처리하되, 단순 FAQ는 챗봇이 담당하는 식으로 AI와 사람의 협업 경계를 명확히 해야 한다.

자동화는 속도를 위한 것이 아니라 창의성과 전략에 더 많은 시간을 할애하기 위한 수단이어야 한다. 자동화의 범위와 깊이를 결정할 때는 조직의 디지털 성숙도, 실무자의 AI 리터러시 수준, 대학의 커뮤니케이션 철학 등을 함께 고려해야 한다(Educause, 2023.9.25).

기술과 인간다움의 균형 로드맵

"AI는 홍보맨을 대체하지 않는다. 그러나 AI를 능숙하게 활용하는 홍보맨만이 경쟁에서 살아남는다."

이 한 문장은 이 책이 던지는 가장 강력한 경고이자 희망의 메시지다. 아무리 첨단 기술이 발전해도, 홍보의 중심에는 '사람'이 존재한다. AI는 단지 도구일 뿐, 마음과 감성을 담아 공감을 일으키는 진정한 메시지를 만들어 내는 것은 오직 인간만의 고유한 능력이다.

생성형 AI 시대, 홍보맨이 생존하려면 단순한 기술 습득을 넘어 자신의 차별화된 가치와 본질을 꿰뚫어야 한다. 감성으로 소통하고, 혼란 속에서도 맥락을 읽어 내며 기계가 흉내 낼 수 없는 '인간다움'으로 메시지를 완성하는 역량이 절대적이다. 여기에 AI 리터러시라는 새로운 '언어'를 마스터하는 것은 선택이 아닌 필수다.

앞으로 대학 홍보의 승부처는 기술과 인간다움의 조화다. AI의 힘을 이해하고 활용하되 그 중심에 사람의 감성을 놓는 '전략적 큐레이터'로 거듭나야 한다.

이 책이 제시한 AI 활용 전략, 역량 강화, 조직 혁신의 길이 대학 홍보 현장에 뿌리내려 급변하는 시대의 도전을 현명하고 창의적으로 극복하는 든든한 토대가 되기를 간절히 바란다.

참고문헌

뉴시스(2025.7.21). '과기정통부, AI·디지털 토론대회·논문공모전 개최'. https://www.newsis.com/view/NISX20250721_0003259362

Educause(2023.9.25). 2023 EDUCAUSE Horizon Action Plan: Generative AI. https://library.educause.edu/resources/2023/9/2023-educause-horizon-action-plan-generative-ai

Fung, M. L.(2023). 'Making AI Work for Everyone'. Edelman Trust Institute. Publication 2023. Edelman. https://www.edelman.com/trust/edelman-trust-institute/Publication/2023/AI-for-everyone

Imperial College London(2023). Communications Division Strategy 2022-23. https://www.imperial.ac.uk/stories/communications-strategy-2022-23

TJB(2025.6.24). '충남 서천군, 전국 최초 AI 활용 홍보조례 전면 시행… 예산 절감 및 '공공홍보의 혁신 모델'부상 기대'. https://www.tjb.co.kr/sub0301/bodo/view/id/77702

김승기

와이즈유 영산대학교 홍보팀장이다. 서강대학교 신문방송학과를 졸업하고 1997년 한국일보·일간스포츠에서 기자 생활을 시작했다. 이후 스포츠투데이 등에서 취재와 편집을 두루 거치며 언론 현장을 폭넓게 경험했다. 2012 여수세계박람회, 2013 평창동계스페셜올림픽 등 국제행사 홍보를 맡으며 본격적으로 커뮤니케이션 영역에 뛰어들었다. 한국해양대학교 홍보실장, 뉴스1 부산경남 편집국장을 거쳐 현재 영산대학교 홍보팀을 이끌고 있다. '기자의 눈'과 '홍보맨의 손'을 함께 지닌 채 27년간 언론과 홍보 현장을 누비며 한결같이 '소통'의 길을 걸어왔다. 생성형 AI라는 거대한 변화 앞에 선 홍보 실무자들에게, 현장에서 바로 적용할 수 있는 전략과 통찰을 담아 실질적인 나침반을 제공하고자 한다.